LES ANNÉES SOIXANTE

EN NOIR ET BLANC

LES ANNÉES SOIXANTE

EN NOIR ET BLANC

Iconographie par A. M. MÉTAILIÉ
Maquette : Atelier M. et S., F. Colonna

Éditions A. M. MÉTAILIÉ
37, rue Froidevaux, PARIS-XIVe
1980

à J. M. G. Le Clézio
et Eddy Mitchell

PRÉFACE

C'était aux premiers jours de l'an 80. Les années 60 venaient d'avoir vingt ans. Anne-Marie Métailié, éditrice, téléphona afin de me proposer d'être le « maître d'œuvre » – ce fut son expression – d'un livre-album sur cette décennie. Ah, les sixties...

Je venais de terminer un roman dont l'un des personnages était une groupie d'idole de ce temps-là; et j'allais me mettre à un autre livre, sur une autre idole de ce même temps-là, Jean-Luc Godard. J'acceptai.

Je pris ma mémoire à deux mains et la secouai très fort. Les souvenirs étaient mûrs et ne se firent pas prier pour me dégringoler dessus. La tâche était vaste.

Je commençai à les ramasser au hasard, aidé par Anne-Marie qui ramenait à moi ceux tombés trop loin.

Chaque fois que l'un de ces souvenirs nous revenait à l'esprit, c'était une vraie fête. Comme la redécouverte d'une chose dont on aurait oublié l'existence. Leur simple énoncé évoquait en nous une foule d'images, déclenchait d'autres souvenirs. Tu te souviens, vous vous souvenez...

Tout a commencé dès 1958, en fait. Avec de Gaulle, l'Algérie. Puis tout s'est enchaîné. *L'Express,* les 10-18, le campus d'Antony, Henri Tisot, le nouveau franc, « A bout de souffle », le mur de Berlin, l'U2, Gagarine, Lumumba, Dag Hammarskjöld, le transistor, Europe 1, Daniel Filipacchi, les Chaussettes noires, Guy Périllat, Brigitte Bardot, la coiffure choucroute, la nouvelle vague, les *Cahiers du cinéma,* Robbe-Grillet, les jeans, Levi-Strauss, l'électro-ménager, Inno, le plastique, le plastic, le flirt, Cinq colonnes à la une, le premier pas sur la lune...

Bien entendu, ces noms, ces termes, ces titres, ces expressions, partaient dans tous les sens, au fur et à mesure que nous les sortions de nous. Ils retrouvaient, en quelque sorte, une certaine liberté, une certaine gaîté, comme dans ces années-là, années d'optimisme, de croissance. Ils faisaient les fous, ne restaient pas en place.

Pour mettre un peu d'ordre, je tentai plusieurs fois de les séparer, de les organiser, de les fixer sur un plan. Il n'y eut rien à faire, jusqu'au jour où je décidai de les attirer vers des mots plutôt que vers des têtes de chapitre. Pas n'importe lesquels. Des mots de la même famille qu'eux, des mots qui sonnent, qui parlent tout de suite, des mots qui font « tilt », qui font « flash », des mots de l'époque. Et je vis alors tous ces petits morceaux d'années 60 se transformer d'eux-mêmes en satellites de ces mots-clés.

Ils sont douze. Comme les douze mois d'une seule année. Je ne l'ai pas fait exprès. Tout est allé si vite. Tout se tenait tellement.

Chaque mot correspond toutefois à un domaine particulier. Il est accompagné d'un texte, à la fois historique et subjectif, confié à une plume qui change de main à chaque changement de décor. Une dizaine de journalistes-écrivains ont ainsi joué le jeu. Le tout est enveloppé dans une iconographie qui représente un peu les feuilles mortes, jaunies, de l'arbre que l'on a bien secoué, une fois la belle saison passée. C'était le bon temps...

Il y a le mot « Petit Clamart », pour la vie politique, avec Thierry Pfister.

Il y a le mot « Mutualité », pour l'effervescence étudiante, avec Patrick Rotman.

Il y a le signe « N. F. » pour la vie économique, avec Philippe Corron.

Il y a le mot « Living » pour le design qui a moquetté nos conforts et chromé nos voitures, avec Jean-Francis Held.

Il y a les lettres « B. B. », pour Brigitte Bardot, bien sûr, mais pour la mode aussi, qui est devenue une affaire de liberté, avec Marie Poggi.

Il y a le mot « Marienbad », pour le nouveau roman, le nouveau cinéma et la nouvelle peinture, autant d'écritures qui se sont éclatées comme des folles, avec Bernard Le Saux.

Il y a le mot « Levi-Strauss » parce que les jeans et le structuralisme, c'est pareil, avec André Clavel.

Il y a le mot « Flash », pour les grands changements dans l'information, avec François Jouffa.

Il y a le mot « Eurovision », pour l'arrivée de la télévision, avec Jean-Claude Loiseau.

Il y a le son « Bip Bip », pour la conquête de l'espace, avec Alain Dupas.

Enfin, il y a le mot « Flirt », parce que la presse s'inquiétait : « Jusqu'où cela peut-il aller? »

Jusque-là. En faire un livre.

J'ai gardé pour moi les trois lettres « SLC », parce que je suis le plus yé-yé de la bande. C'est à chacun ses années 60.

A chacun ses années folles...

MAURICE ACHARD.

Juin 1958, de Gaulle à Mostaganem (Photos Keystone).

PETIT CLAMART

THIERRY PFISTER

« Et toujours, toujours le même président. » Le raton laveur Michel Delpech, dans son « inventaire 1966 » avait mis le doigt sur l'essentiel : cette présence obsédante d'un homme qui, dans son pays comme à l'étranger, ne cessait de susciter d'étranges sentiments où l'amour et la haine se trouvaient étroitement mêlés. Présence d'autant plus obsédante que, sur les récepteurs de télévision qui commencent à se multiplier, on ne voit qu'elle. Le monopole d'État est devenu celui de de Gaulle. On en vient même à croire audacieux l'acteur Henri Tisot parce qu'il ose imiter respectueusement l'illustre modèle. Dans la coulisse Louis Seigner, de la Comédie-Française, polit le style du président de la République et lui apprend à passer des micros de la radio aux jeux de scène télévisés. L'élève est doué et il donnera toute sa mesure entre les deux tours de l'élection présidentielle de 1965. Face à un Michel Droit admiratif il alterne badinage et truculence afin de montrer aux électeurs qu'il est encore capable de se placer à leur niveau. C'est le général en pyjama. Un choc pour un pays qui ne l'a connu qu'en costume croisé ou vareuse militaire, toujours solennel et ne semblant s'épanouir que dans les drames de l'Histoire.

Même si, au pire moment de 1968, le président de la République choisit de revenir à la radio, comme le 18 juin 1940, pour s'adresser à son pays, le couple de Gaulle-télévision constitue le vrai repère des années 60. C'est à travers eux que les Français se regardent, découvrent la vie du monde et réapprennent leur passé. De Gaulle et ses fidèles projettent sur les écrans la France dont ils rêvent, une France héroïque, résistante, sourcilleuse quant à son indépendance et soucieuse de sa place dans le monde. Des images qui correspondent d'assez loin à la réalité. Qu'importe, seuls comptent les symboles. Récupérant une réalisation du régime honni des partis, Mme de Gaulle – « tante Yvonne » pour le téléspectateur de base – devient la marraine

La voiture présidentielle après l'attentat du Petit Clamart (Photos Keystone).

du paquebot *France*. Symbole des symboles : cet anachronisme navigant illustre la volonté de survie d'une France disparue dans le chaos des conflits mondiaux. Tout va donc tourner autour de de Gaulle, alors que son pouvoir reste pourtant limité au niveau international et fragile à l'intérieur. Cette fragilité se manifeste dramatiquement. Une balle aurait suffi. A quelques centimètres près, l'après-midi du mercredi 22 août 1962, au carrefour du Petit-Clamart, sur la route de Villacoublay, le destin a choisi. La DS présidentielle dans laquelle ont pris place le général et Mme de Gaulle ainsi que leur gendre, le colonel de Boissieu, accélère brutalement tandis que d'une camionnette partent les salves de deux fusils-mitrailleurs. Le chauffeur Marroux – un remplaçant – a, par son réflexe miraculeux, probablement sauvé la Ve République. *« Cette fois-ci c'était tangent »*, reconnaîtra de Gaulle en descendant de voiture.

Quatorze jours plus tard, les premiers conjurés étaient arrêtés. Cinq mois seulement furent nécessaires pour mener à bien l'instruction et déférer les coupables devant la cour militaire de justice. Leur chef, Jean-Marie Bastien-Thiry, « Didier » pour les hommes du commando, est fusillé, le chapelet à la main, le 11 mars 1963 au fort d'Ivry, trois heures avant que la lettre de son père, un colonel gaulliste, implorant la grâce ne parvienne à l'Élysée. Il était polytechnicien, ingénieur militaire en chef de deuxième classe, c'est-à-dire l'équivalent d'un lieutenant-colonel. Défenseur de *« l'Occident chrétien »*, il demeurera jusqu'au bout persuadé de la légitimité de sa rébellion contre un *« pouvoir de fait »*.

Le Petit-Clamart a, sur de Gaulle, un effet certain. Conscient de la nécessité d'ancrer son régime, il décide de réaliser le rêve qu'il caresse depuis la Libération et il entreprend donc d'en transformer radicalement les bases constitutionnelles. Une semaine seulement après l'atten-

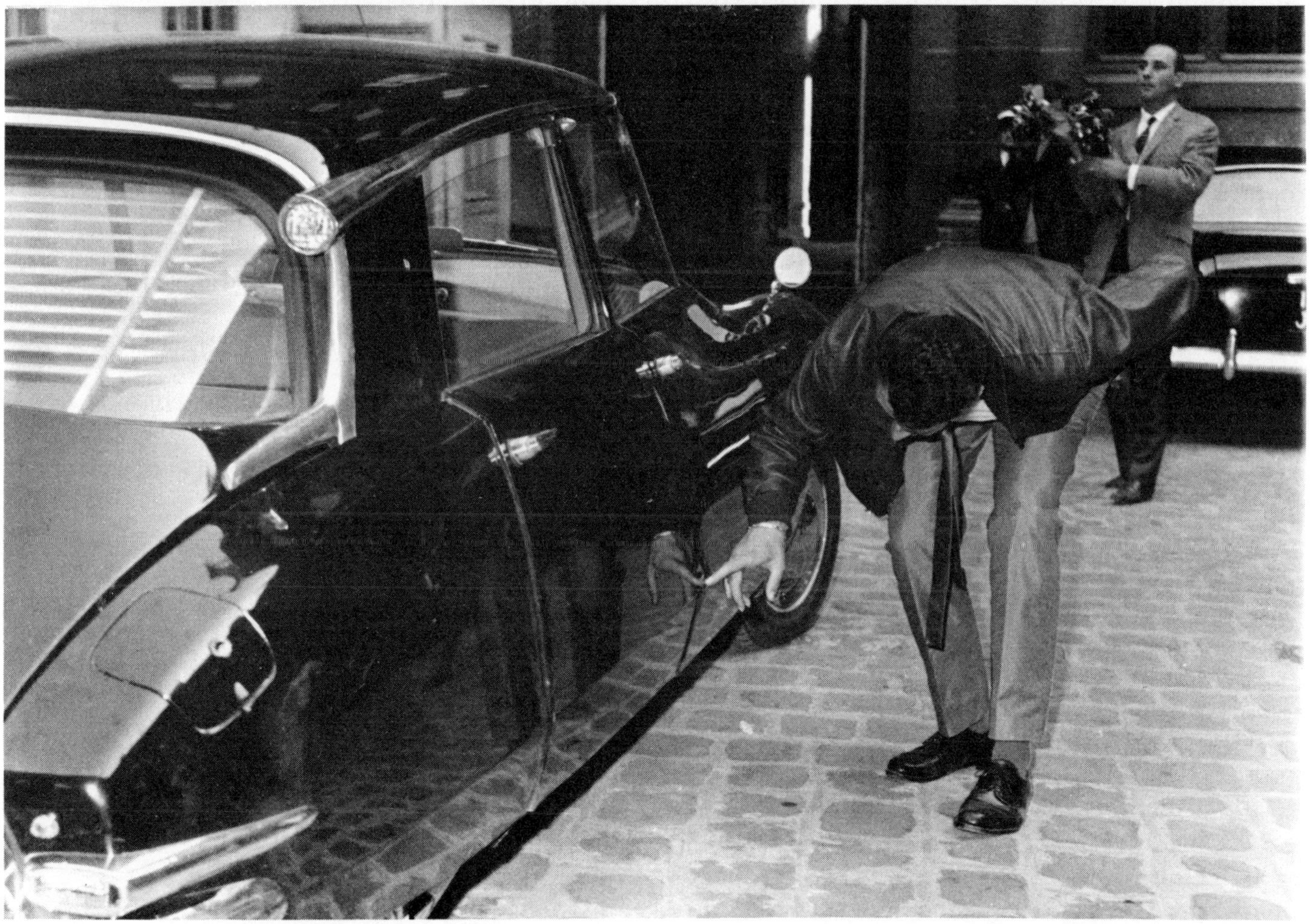

Février 1962 : manifestation contre la guerre d'Algérie; 5 morts au métro Charonne (Photo E. Kagan). Enterrement des victimes (Photo E. Kagan).

tat manqué il informe le conseil des ministres de son intention d'instaurer l'élection du président de la République au suffrage universel. Une procédure qui, à l'expérience, deviendra encore plus populaire que le tiercé.

En changeant brusquement le débat politique de plan le général de Gaulle prend ses vieux adversaires – « les partis » comme il dit, méprisant – à contre-pied. Ceux-ci veulent en effet profiter de la liquidation du dossier algérien pour liquider en même temps de Gaulle. Politiquement s'entend. Il y a déjà plusieurs semaines que, tandis que l'organisation de l'armée secrète (OAS), multipliait les attentats, Antoine Pinay et Guy Mollet avaient repris contact. Ils ont, à Paris, le même sentiment que les observateurs dans les principales capitales : le général ne se remettra pas des drames qui accompagnent l'indépendance algérienne. Tiendra, tiendra pas? Chacun prend les paris.

Revenu au pouvoir sous la pression d'une armée révoltée, de Gaulle doit casser ses alliés d'un jour pour parvenir à faire triompher sa politique de décolonisation. La lutte qu'il engage contre l'institution militaire est impitoyable. Dans la clandestinité, l'OAS qui règne sur l'Algérie, lance ses tentacules en métropole. La décennie qui se terminera sur les barricades des étudiants parisiens s'est ouverte sur celle des pieds-noirs d'Alger.

La France redécouvre le terrorisme. Dans la nuit du 23 au 24 janvier 1962, Paris connaît sa « nuit bleue ». Les artificiers de l'OAS ont multiplié les plasticages au domicile de nombreuses personnalités. Et alors que la gauche communiste et syndicale se mobilise pour protester, le gouvernement, accumulant les maladresses, fait charger sa police. Huit morts sont relevés dans les escaliers de la station de métro Charonne. Le sang isole de Gaulle, sur sa droite comme sur sa gauche,

RUE DE CHARONNE
ON ASSASSINE A PARIS
Descends dans la rue!
ON ASSASSINE A PARIS
Descends dans la rue!

PHARMACIE
GEVEOR

Après le cessez le feu, le retour des rapatriés (Photos Keystone).

en Algérie comme en France. Le geste des conjurés du Petit-Clamart, en faisant passer un frisson de terreur dans le pays à la perspective du chaos voire d'une relève fascisante, lui rend la possibilité d'aller de l'avant.

Les actions désespérées de l'OAS ayant discrédité ses adversaires de droite et écœuré de nombreux jeunes officiers qui préféreront désormais être de simples « techniciens » de la dissuasion nucléaire, de Gaulle va régler ses comptes avec « les partis ». Il va les placer en porte à faux devant l'opinion publique en les faisant apparaître comme hostiles à l'extension des pouvoirs du citoyen et soucieux de maintenir leurs prérogatives. Quitte à forcer, pour y parvenir, le cadre constitutionnel. Seul le résultat compte. Il est atteint. Les partis ont fait bloc. Ils ont renversé le gouvernement de Georges Pompidou. Ils sont désavoués par les électeurs: La droite classique connaît une déroute historique. Quant aux socialistes de la SFIO, s'ils ont pu sauver les apparences grâce aux désistements de « front populaire » avec le PCF, ils viennent, sans le savoir, de commencer un long séjour d'au moins vingt ans dans l'opposition.

La première étape du périple gaullien est franchie. La décolonisation est réalisée. Il aura, une fois de plus, fallu à la France un militaire nationaliste chargé d'honneurs pour réaliser la politique que la gauche n'osait mener à bien de crainte d'être accusé de trahison. Une décolonisation qui devait transformer l'Union française en une communauté analogue au Commonwealth britannique. L'échec est total. La communauté n'existera jamais ailleurs que sur le papier. Le 14 juillet 1959, de Gaulle avait pourtant solennellement offert à l'un des onze chefs de gouvernement africains présents à la « fête de la communauté » place de la Concorde, un drapeau tricolore. Il sera retrouvé un an plus tard, oublié à la consigne de la gare de Lyon. Symbole.

UNE GRANDE VICTOIRE

PAGES 4 ET 5 :
Sept années d'une lutte longue et difficile

CINQ HEURES DU MATIN
l'Humanité
ORGANE CENTRAL DU PARTI COMMUNISTE FRANÇAIS
6, boul. Poissonnière - Paris-9e LUNDI 19 MARS 1962 PRO 15-01 (78e jour) Nlle série - N° 5460 NF 0,25

DE LA PAIX :

CESSEZ-LE-FEU EN ALGÉRIE

Déclaration du Bureau Politique du Parti Communiste Français

LE Bureau Politique du Parti Communiste Français salue avec une grande satisfaction la signature du cessez-le-feu et des accords d'Evian.

Ces accords ouvrent la voie à la Paix en Algérie, à l'établissement de rapports nouveaux d'amitié et de coopération entre la France et l'Algérie qui peut enfin devenir indépendante.

Avant de se résoudre à l'inévitable négociation, ils ont tout fait pour maintenir par la guerre l'Algérie sous le joug colonial, encourageant le fascisme et la subversion, cependant qu'ils ont frappé de répression les partisans de la paix, allant jusqu'à la violence meurtrière qui coûta la vie à huit d'entre eux, le 8 février, à Paris.

La cause de la paix vient de remporter une

- **Les accords ont été signés à 17 h. 30 par Joxe, Buron et de Broglie** *(pour le gouvernement français)* **et par Belkacem Krim** *(pour le G.P.R.A.)*
- *Arrêt des combats aujourd'hui (à midi)*

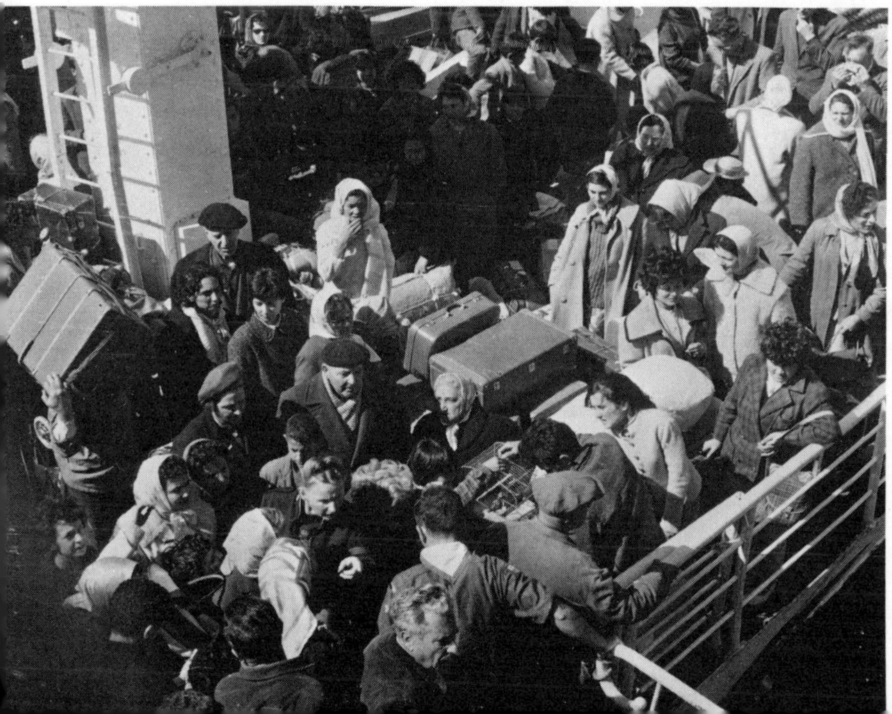

Voyage en province du général de Gaulle (Photo Cartier-Bresson-Magnum).

La décolonisation ne fait pas pour autant du tiers monde le sujet de l'histoire. Les indépendances demeurent fragiles : les nouveaux États sont faibles, dépendants des aides extérieures, minés par les rivalités internes.

L'Inde connaît en 1965 la « famine du siècle ». Un siècle qui en a connu et en connaîtra pourtant bien d'autres. Nombreux seront les hommes qui, sous différentes latitudes, auront faim durant cette décennie et en mourront. A l'image de Nasser en Égypte les jeunes officiers nationalistes arabes se mêlent volontiers de politique. La fédération entre le Sénégal et le Mali sera éphémère. Au Congo ex-Belge la province du Katanga est tentée par la sécession dès 1961. Six ans plus tard, ce sera au tour du Biafra, province du Nigéria. Dans les deux cas les combats seront épouvantables, les souffrances des populations locales indescriptibles. Les ressources minières des provinces dissidentes laissent planer un doute des plus sérieux sur le rôle joué en sous-main par les Occidentaux. Pour avoir voulu tenter dans son pays une expérience socialiste Patrice Lumumba, Premier ministre du Congo, mourra assassiné.

La paix armée nucléaire et la police que les grandes puissances exercent dans leurs zones d'influence limitent certes la portée de la décolonisation, mais en contrepartie elles évitent la généralisation des conflits. Devenues sournoises les guerres n'osent plus dire leur nom. Elles font rage pourtant d'Algérie en Indochine en passant par le Congo et le Proche-Orient. Les armées inoccupées donnent dans le jeu politique d'Argentine au Pérou, de Syrie au Yémen sans oublier l'Irak ou la Grèce.

Deux abcès de fixation symbolisent, au début de la décennie l'affrontement Est-Ouest : Berlin et Cuba. Dans les deux cas la France reste fidèle à son camp et soutient les efforts des Occidentaux. Mais

l'objectif du général de Gaulle consiste à s'affranchir le plus possible de la politique des blocs en restaurant l'indépendance nationale. Ayant adapté les institutions, c'est cette tâche qui constituera le second volet de son action. Tandis qu'il se consacre personnellement à la diplomatie son Premier ministre, en modernisant le pays, s'attache à donner à la France les bases économiques nécessaires à une politique d'indépendance. La présence d'une personnalité hors du commun à la tête de l'État ne doit en effet pas faire oublier le rôle décisif de Georges Pompidou tout au long de ces années 60. Ce libertin, au sens du XVIIIe siècle, amateur d'art et de cuisine du terroir, demeurera l'un des derniers politiciens à visage humain. Après lui, déferlera la vague qu'il avait préparée, celle des « énarques ». Sa rondeur, qui contraste avec le tranchant de Michel Debré, et un certain amateurisme, le font accueillir avec condescendance par la « classe politique ». Elle rit de ses premières prestations à l'Assemblée nationale, sans comprendre que là où elle ne voulait voir qu'un simple « chef de cabinet monté en graine » se trouve son maître.

Cette modernisation de l'économie n'est pas toujours accompagnée par les décisions politiques nécessaires. La grève des mineurs de mars 1963 montre que les dimensions humaines ne se laissent pas oublier et qu'il ne suffit pas de signer un décret de réquisition, même à Colombey, pour remettre en route les puits. Plus grave, la démocratisation de l'enseignement est un échec. Rien n'a été prévu, au niveau des locaux et de l'encadrement, pour accueillir la vague démographique conséquence du « baby boum » de l'immédiat après-guerre.

Tandis que Georges Pompidou arrache la France à sa ruralité et construit, à coup de crises et de négociations dramatisées, l'Europe agricole et la CEE, de Gaulle tente de replacer son pays au centre de la diplomatie mondiale. Lui qui était parvenu à faire d'une France battue

Henri Tisot (Photo Keystone).

Manifestation de mineurs à Paris (Photo R. A.-Gamma) La guerre de l'artichaut (Photo R. A.-Gamma).

puis complice de l'Allemagne hitlérienne, un des vainqueurs officiels de la Seconde Guerre mondiale, va totalement réviser le jeu d'alliances hérité des républiques précédentes. Amarrer l'Allemagne à la France, s'ouvrir vers le monde socialiste, appuyer les efforts politiques du tiers monde, deviennent les principaux axes de son action qui a pour ambition de dégager la France de la tutelle américaine.

Des États-Unis qui paraissent pourtant plus puissants que jamais et dont le sourire de John F. Kennedy illustre le dynamisme et la jeunesse. Peut-on alors parler de deux super-puissances quand les Soviétiques en sont réduits, en 1961, à dresser au milieu de l'ancienne capitale du IIIe Reich un « mur de la honte » pour stopper l'hémorragie de population qui vide leur satellite d'Allemagne de l'Est? Quand Khrouchtchev doit, l'année suivante, rapatrier honteusement fusées et bombardiers qu'il avait basés à Cuba?

Certes dans l'espace l'Union soviétique marque des points. Mais ce sont les Américains qui décrocheront la lune. Et il apparaît rapidement que le grand rêve était illusoire. La fuite dans les étoiles n'aura pas lieu. Cette gigantesque aventure humaine n'était en définitive qu'un épisode de la guerre froide, une rivalité technologique sur fond d'arrière-pensées militaires. S'arracher aux pesanteurs historiques est décidément plus difficile que d'échapper à l'attraction terrestre.

A preuve cette extrême droite américaine qui, contre toute évidence, voudra toujours voir dans Kennedy une sorte d'agent du communisme international et provoquera ainsi – au moins moralement – son assassinat. Ce drame à rebondissements, le monde entier a pu le suivre, pratiquement en direct, sur les écrans de télévision. Réduite, en France, au rôle de simple outil de propagande, elle se révèle aussi un facteur décisif de mondialisation de l'opinion, et donc d'unification progressive des cultures.

FANFARE
LA PROLÉTARIENNE
HOTEL

477-FG-29

Pourtant, ce monde nouveau, multipolaire, connaît une gestation douloureuse. La décolonisation a été menée de manière à favoriser la balkanisation du tiers monde. Le cas de l'Afrique est à cet égard particulièrement révélateur. Les colonisateurs d'hier n'ont pas oublié la vieille règle politique selon laquelle il faut diviser pour régner. Et si cela ne suffit pas, foin des apparences! Les « marines » des États-Unis tentent, sans succès, de débarquer à Cuba, dans la baie des Cochons, en avril 1961. Fidel Castro se voit contraint, pour sauver son expérience politique, de se jeter dans les bras des Soviétiques. Il y perdra son âme. Quatre ans plus tard, instruits par l'expérience, les Américains ne tergiverseront pas. L'île de Saint-Domingue, pour avoir voulu s'émanciper, est immédiatement ramenée au bercail par un corps expéditionnaire des États-Unis. La France gaullienne s'émeut et proteste. Elle-même sait pourtant, quand il le faut, donner les coups de pouce militaires nécessaires au maintien de son influence. Au Gabon, en 1964, au Tchad à partir de 1968.

Le réveil et l'éveil des nationalismes n'en constituent pas moins une entrave aux tentatives d'organisations régionales. La vieille Europe elle-même ne s'unifie que difficilement. A deux reprises de Gaulle claque, par exemple, la porte du Marché commun au nez d'une Grande-Bretagne redevenue la « perfide Albion » et, en l'occurrence, le « cheval de Troie » des États-Unis. Et les partisans de la supranationalité de se lamenter devant l'intransigeance de ce général rétrograde. De Gaulle pourtant croit à l'unification européenne. Ou plutôt à une unification. Une de ses boutades résume bien le fond de sa pensée. *« Un jour,* a-t-il expliqué, *nous ferons l'Europe. Nous nous installerons à Aix-La-Chapelle et les Russes y viendront puisque, après tout, ils sont chrétiens. »*

Ce monde chrétien cherche d'ailleurs à restaurer son identité spirituelle. Jean XXIII non seulement rend à la papauté une affection

Medhi Ben Barka (photo Keystone).

1965, le PSU manifeste contre la disparition du leader marocain (photo Keystone).

1967, Jacques Brel apporte son soutien à Mendès France (Photo Keystone).

populaire qui s'était dissipée, mais encore il donne des bases et une légitimité au mouvement œcuménique de rapprochement des Églises chrétiennes. Le Concile Vatican II constitue le baptême d'une nouvelle catholicité. A-t-elle, depuis, été fidèle aux promesses de ce baptême?

Si de Gaulle s'intéresse tant aux Russes, ce n'est pas vraiment parce qu'ils sont les héritiers d'une culture chrétienne. C'est encore moins en raison du vernis marxiste-léniniste dont ils ont été hâtivement couverts et qui commence à se craqueler de manière de plus en plus visible. Non, ce qui l'intéresse à Moscou c'est la possibilité d'échapper à la tutelle américaine. De la même manière que ce qui intéressera les Chinois à Washington sera la possibilité d'échapper au retour de la tutelle soviétique.

Il existe d'ailleurs un évident parallélisme entre les politiques menées par de Gaulle et Mao Tsé-toung (puisque telle était, dans les années 60, la transcription du nom du potentat chinois). Les deux hommes se sont reconnus et s'admirent de loin. Ils ne pourront toutefois se rencontrer. De Gaulle, après avoir quitté le pouvoir, a voulu rendre visite aux « monstres sacrés » que les nécessités diplomatiques lui avaient interdit de saluer. La mort lui a laissé le temps de dialoguer avec Franco, pas avec Mao Tsé-toung.

Américains et Soviétiques avaient, dès la fin des années 50, manifesté leur volonté de conserver seuls la direction de leur camp respectif en refusant de communiquer à leurs alliés les secrets de l'atome. Ce désir de limiter au maximum le clan des puissances nucléaires les avait conduits à parapher, le 25 juillet 1963 à Moscou, un traité interdisant les expériences non souterraines. Accord rejeté aussitôt, et coup sur coup, par Paris et Pékin. Les Anglo-Saxons payent le mépris avec lequel ils avaient, en 1958, accueilli le mémorandum du général de Gaulle réclamant une révision du fonctionnement de l'Alliance atlan-

France-Soir dernière heure
Dim. 24-Lundi 25 nov. 1963
…lgique-Luxembourg, 3 francs belges; Suisse, 0 fr. 30; Espagne, pes. 3,50; Italie, 70 lires; Algérie, 0 fr. 35; Maroc, 40 francs marocains; Tunisie, 32 m.

TOUTES LES PHOTOS, 5 PAGES SPÉCIALES

Notre envoyé spécial A. de Segonzac téléphone de Washington :

L'ADIEU DE JACKIE

Elle glisse son alliance au doigt de son mari et embrasse sa main

Lee Oswald (24 ans) inculpé de l'assassinat de Kennedy

« Il ne sera jamais oublié »

…omme la foudre, l'an…sse et la peine ont saisi …me le cœur des fem…s, des hommes s'est ser… au même instant, dans …s les pays, sur tous les …tinents.

…omme s'ils avaient tous …ve, en même temps …e Kennedy, l'arra…ent … la sépa… … homme …, l'homme … et qui est …rt dans ses bras.

…e monde pleure avec …e Kennedy, avec ses …ux enfants. Il pleure la …leur humaine et banale, …e qui atteint tout le …nde un jour ou l'autre, …ns tous les foyers. Mais a… foyers, le drame sanglant … l'attentat, affreux privi…e des leaders et des chefs …tat — est d'ordinaire …rgné.

…ous les peuples pleurent …si et surtout l'homme …tat qui, suivant la parole … pape Paul VI, « défen…t la liberté des peuples … la paix du monde ». La …rt de celui qui voulait les …erer à jamais de la guerre …mique a inspiré partout … réflexe de crainte.

…Mais, comme le dit de …ulle dans son message …u nom de la France, amie … toujours du peuple amé…ain, il ne sera jamais ou…é ».

…es progrès de la paix …vivent à leurs propres ar…ans. Trente-huit minutes …rès la mort de Kennedy, … Etats-Unis avaient un …uveau président. Et tandis …'à Moscou, les étudiants …encieux défilaient devant …mbassade américaine, à la …aison-Blanche le président …ndon Johnson s'installait …ns le fauteuil de son pré…cesseur, à portée du télé…hone rouge qui relie Wash…gton au Kremlin.

France Soir

Pro-castriste ayant habité l'U.R.S.S., il était employé dans l'entrepôt d'où furent tirés les coups de feu

… de son arrestation

Interpellé dans la rue (après l'attentat) il avait tué un agent

Il nie farouchement

Sa femme déclare : « Je l'ai vu manipuler un fusil hier »

L'arme de l'attentat porterait des empreintes floues

Lyndon Johnson (ex-vice-président)

tique. La tentative de force nucléaire multinationale élaborée en décembre 1962 aux Bahamas par Kennedy et Macmillan ne convainc pas le président français que Washington et Londres sont disposés à élargir leurs relations privilégiées à Paris. Il préfère donc poursuivre seul la colonisation de l'atome engagée depuis l'explosion de la première « bombe A » française sur la base saharienne de Reggane le 13 février 1960. Comme le dira, en 1965, de Gaulle : *« Si grand que soit le verre que l'on nous tend, nous préférons boire dans le nôtre tout en trinquant aux alentours. »* Et dans la logique d'un tel raisonnement la France se retire de l'organisation militaire de l'OTAN dont le commandement intégré est transféré de Paris à Bruxelles.

A Pékin aussi, la course à l'atome militaire est devenue une priorité du régime. La première bombe explose, par une coïncidence extraordinaire, le 16 octobre 1964, le lendemain du jour où, à Moscou, Nikita Khrouchtchev a été destitué au profit de Brejnev et Kossyguine. La surprise est totale et même les communistes français jugent nécessaire d'envoyer une délégation en URSS pour obtenir des « explications ». M. « K », prodigieux comédien, avait su frapper l'opinion occidentale tant par sa bonhomie que par ses colères spectaculaires. Nul n'avait oublié la manière dont il avait cassé la conférence des « quatre grands » à Paris après la capture dans le ciel soviétique d'un avion espion américain. Nul n'avait oublié cette séance de l'ONU où, la chaussure à la main, il avait frappé son pupitre pour exprimer son mécontentement. Seulement, sa politique de « déstalinisation » n'avait pas fait, en URSS, l'unanimité des cadres communistes. Seulement, les résultats économiques du pays demeuraient aléatoires. Seulement, à Cuba, il avait fallu reculer face aux États-Unis. Et au Congo, l'Occident, derrière le paravent de l'ONU, battait en brèche les éléments révolutionnaires du continent africain.

Patrice Lumumba, disparu à Léopoldville. Berlin 1961 : coup d'œil au-delà du " MUR ". (photos Keystone).
Krouchtchev (photo A.F.P.)

Le principal théâtre d'affrontement entre les deux systèmes qui se partagent la planète va désormais se situer en Asie. Les Occidentaux réussissent, mais à quel prix, à reprendre, en 1965, le contrôle de l'Indonésie. Plusieurs centaines de milliers de communistes locaux — ou assimilés — laisseront leur vie dans cet épisode. Au nom de la « liberté », les exécutions sommaires se multiplient. En revanche, au Vietnam, en dépit d'un engagement militaire de plus en plus massif des États-Unis, les communistes tiennent et progressent. Le Vietnam devient pour les Américains la « sale guerre ». Le secrétaire général de l'ONU, U Thant, comme le pape Paul VI, s'émeuvent. De Gaulle multiplie les mises en garde, demande une neutralisation de cette région du monde et finit, à Pnom Penh, par réclamer le retrait des troupes américaines. Au nom de la solidarité avec les Vietnamiens les mouvements étudiants trouvent, en Occident, un thème de mobilisation. A partir de 1967, cette solidarité s'étendra progressivement aux Palestiniens, victimes de la victoire éclair d'Israël lors de la « guerre des six jours ». Une victoire à ce point spectaculaire que l'État hébreux cesse d'apparaître comme une victime menacée et perd donc progressivement une partie des sympathies dont il bénéficiait. De Gaulle qui, en 1960, parlait à Ben Gourion d'Israël, *« notre amie, notre alliée »* évoque à présent les juifs *« peuple d'élite, sûr de lui et dominateur »*.

Avec ces mobilisations étudiantes se préparent les temps nouveaux. La modernisation menée à un rythme soutenu, aussi bien à l'Est qu'à l'Ouest, tout au long de la décennie a donné naissance à des réactions de fatigue. Sous des formes très diverses s'expriment des revendications nouvelles portant plus sur le pourquoi de la vie et de l'action que sur les taux de croissance. Dès 1966, se mettent en branle, dans l'immense Chine populaire, les bataillons des « gardes rouges », avant-garde de la « grande révolution culturelle prolétarienne ». Puis, à partir des campus américains commence à déferler, l'année suivante, la vague de la contestation étudiante qui, déjà, touche Berlin mais ne déferlera sur Paris qu'en mai 1968, tandis qu'en Tchécoslovaquie le communisme tente, discrètement, de retrouver un visage humain.

Thierry PFISTER est journaliste politique au *Nouvel Observateur* après l'avoir été au *Monde*. Il est également l'auteur de : *Le Gauchisme* (Éditions Filipacchi), *Les nouveaux communistes* (Stock), *Les socialistes* (Albin Michel).

Manifestation étudiante à la Mutualité et réactions policières (Photo Keystone et coll. privée).

MUTU'

PATRICK ROTMAN

Une formidable ovation secoua le vieux bâtiment, lorsque Pierre Gaudez, président de l'Union Nationale des Étudiants de France, s'approcha du micro. La salle était pleine depuis longtemps et une foule compacte, qui n'avait pu entrer, stationnait à l'extérieur. La prise de parole fut brève. A la sortie, des cortèges se formèrent en direction du carrefour des Gobelins et se heurtèrent violemment aux forces de l'ordre. Par un étrange retour de bâton, deux ex-ministres de l'Intérieur, Édouard Depreux et François Mitterrand, se firent durement matraquer par leurs anciens subordonnés. Parmi les blessés, on releva aussi deux Maîtres du barreau, Gisèle Halimi et Roland Dumas, quelques journalistes et beaucoup d'anonymes.

On s'aperçut, plus tard, de l'importance de cette manifestation que le parti communiste avait condamnée et combattue. Elle fut l'acte de naissance d'une extrême gauche intellectuelle, qui allait tenir pendant une décennie, le haut du pavé, avant de le lâcher brutalement.

Peut-être, est-ce aussi ce jour-là, que le Palais de la Mutualité, est devenu la « Mutu ». Bien sûr, cette enceinte à l'acoustique incertaine, affligée de piliers propices à coller le torticolis à un quart de l'assistance, avait abrité déjà quelques centaines de réunions en tous genres. Mais pour la gauche militante, le souvenir ébloui de cette grandiose soirée demeurera comme un symbole et un modèle : « faire une Mutu », remplir les 2 400 places de la grande salle, relèvera désormais du rite.

Les dignes rideaux cramoisis, derrière la tribune, en ont entendu, des appels enflammés, des saluts enthousiastes, des adieux émus, des mises en demeure définitives : un flot d'indignation, un torrent d'(auto)-commémoration, un océan de discours, qui ne sont pas tous restés dans les mémoires.

27 octobre 1960, salle de la Mutualité : L'UNEF, le PSU, la CFTC et la FEN organisent un meeting contre la guerre d'Algérie.

De l'autre côté de la Méditerranée, la paix des salles de bains était assurée : baignoires maculées et tout-électrique avant l'heure. La rébellion était défaite, assurait le Haut-Commandement. Mais, lorsque le chef de l'État était venu à Alger, la Casbah avait pavoisé en vert et blanc. L'affaire était entendue, les Français voulaient « avoir » la paix, de Gaulle la ferait : l'Algérie serait algérienne.

Refusant l'inéluctable, les irréductibles fondaient une armée secrète. Sortis de leur retraite, un quarteron d'officiers supérieurs s'insurgeaient contre la « grande Zorah ». Une nuit d'avril, les Parisiens guettèrent les avions dans le ciel, qui resta désespérément vide. La guerre civile n'eut pas lieu.

Entre l'Odéon et le Luxembourg, on dut se rabattre sur les « ersatz ». Faute de « léopards », la chasse aux émules de Salan fut ouverte. On décréta le Quartier interdit aux fachos. Sous l'impulsion d'un certain Krivine, étudiant en histoire et organisateur hors pair, le Front Universitaire Antifasciste sonna la mobilisation générale. Quelques batailles furent gigantesques et dans ces sourdes mêlées, plusieurs centaines d'étudiants découvrirent que la dialectique peut casser des crânes. De toutes les leçons, qui furent proférées, en ces troubles moments à la Sorbonne, celle-là fut, sans conteste, la mieux retenue.

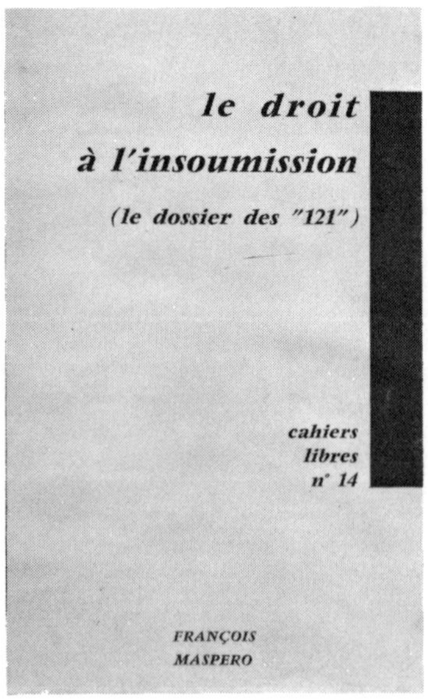

7 décembre 1961, salle de la Mutualité : Jean-Paul Sartre, Roger Garaudy et Jean Hyppolite dissertent sur le thème : la dialectique est-elle une loi de l'histoire ou une loi de la nature?

Entre un chalet du Jura et une ville d'eau, les négociateurs des deux rives soignaient les finitions. Dans les rues de Paris, la guerre continuait; sous le pont Mirabeau, la Seine charria des cadavres basanés et au métro Charonne, après une manifestation, on releva neuf

17 octobre 1961, répression des manifestations algériennes contre le couvre-feu (Photo E. Kagan).

Décembre 1961, débat à la Mutualité. A la tribune : Sartre, Garaudy, Vigier et quelques autres. L'auditoire suit les aventures de la dialectique (Photos E. Kagan).

cadavres. Six semaines plus tard, le clairon sonna le cessez-le-feu.

En signant les accords d'Évian, le FLN procéda, au Quartier latin, à un licenciement collectif. Chômage technique pour cause de paix. Les porteurs de valises furent invités à laisser leur bagage à la consigne et les barres de fer redevinrent des pieds de table. Rude fut la (re) conversion.

Les chrétiens s'étaient dévoués corps et âmes dans la résistance à la guerre d'Algérie. Morale, éthique, leur révolte chamboulait le paysage : les « cathos » devenaient force politique. Pèlerins d'une nouvelle gauche, épris d'idéaux aussi désuets que la justice ou la liberté, ils avaient été les acteurs d'une mutation profonde : lorsque torture rimait avec République – il était minuit en ce pays – la petite gauche sauva la grande. Au terme de la traversée, elle se donna un parti, qui plus que tout autre, patchwork multicolore, méritait le nom de parti socialiste unifié.

S'y retrouvaient les dissidents de tous les appareils, les grognards de toutes les organisations, des sociaux-démocrates en quête de pureté, des révolutionnaires en quête de Grâal, des staliniens las de leur Église, des trotskystes fatigués de leur chapelle, des frères trois-points et naturellement, en bataillons serrés, des frères du Christ.

Les chrétiens avaient bien de la chance. Poings dans les poches, le parti communiste leur tendait la main. Dans les colonnes de la *Nouvelle Critique,* on discourait, en toute éternité, sur le concubinage du marxisme et de la foi. Entre l'anathème et le dialogue, Garaudy entamait son chemin de croix.

Mars 1965, salle de la Mutualité : semaine des intellectuels catholiques. Débat sur le marxisme et le fait religieux, avec Jean Bruhat, Gilbert Mury, René Rémond.

MARTINI

Meeting cour de la Sorbonne (Photo E. Kagan). Au micro Jean-Louis Péninou, entouré de Serge July et Jean Marcel Bouguereau. Libération *à l'horizon? (Photos Keystone).*

Cour de la Sorbonne aussi, ceux qui croyaient au ciel rencontraient ceux qui n'y croyaient pas. Les premiers, pressentant les craquements de la vieille université sous la poussée des classes pleines, cherchaient à transformer l'UNEF en véritable syndicat étudiant. On appelait cela, tout bêtement, la ligne universitaire. Les seconds, bouffés par le virus politique, macéraient dans leur après-guerre.

Au sein de l'Union des Étudiants communistes, qui devint pour cette génération une incomparable école de formation, ils préparaient des lendemains qui n'avaient pas envie de se marrer. Ces jeunes communistes, nés sous l'occupation, jouaient aux billes pendant la guerre de Corée. A l'âge des premières « boums » sur fond de Platters, ils vendaient l'« Huma » où Budapest souriait au milieu des ruines. Pour leurs vingt ans, Maspéro leur offrit « Aden-Arabie » mais ils préféraient laisser à Nizan le soin de dire que c'était le plus bel âge de la vie. En ce temps-là, on décorait les tortionnaires.

« Le parti communiste n'est pas beau, mais nous n'avons que celui-là » avait lancé un jour Jean-Paul Sartre. Ces jeunes intellectuels qui étaient venus au parti du prolétariat pour se laver des souillures coloniales de leur classe, étaient prêts à en convenir. L'Union des Étudiants communistes abrita leur révolte, qui bientôt n'épargna personne. Le Parti-Père en prit pour son grade.

Ces drogués de révolution espéraient encore dans un retour aux sources d'un communisme purifié. On publiait *Une journée d'Ivan Dénissovitch* d'un certain Soljénitsyne, mais les plus avertis reconnaissaient que c'était de l'histoire ancienne. Depuis le trop fameux XXe Congrès, le dégel était amorcé et dans les milieux bien informés, les petits malins savaient qu'il fallait attribuer le rapport Khrouchtchev au camarade Nikita.

Sous la houlette d'un monarque vieillissant, le parti français affichait

LIBERTES SYNDICALES

bien plusieurs congrès de retard. Mais avec le temps... Suffisait de secouer le cocotier. Pour chercher des noises aux disciples de Jdanov, tous les détours valaient le déplacement. Dirigeant de l'UEC, Forner s'écriait, enthousiaste : *la culture soviétique est morte avec Maïakovski, elle renaît avec Evtouchenko.* Il se fit tancer par le comité central. C'était tout de même faire bon marché du paisible Cholokhov.

Février 1963, salle de la Mutualité : devant un auditoire transporté, le poète Evtouchenko déclame ses œuvres, jugées alors contestataires.

Les rebelles possédaient un quartier général : une petite librairie, place Paul Painlevé. Au sous-sol, se tenaient les conciliabules stratégiques et se concoctait le mensuel des étudiants communistes, *Clarté,* qui à chaque livraison donnait de l'urticaire à Jeannette Veermersch. De prometteurs talents commençaient là leur apprentissage, qui s'achèverait un lustre plus loin à *Actuel.*

De la cour de la Sorbonne à *Clarté,* le plus court chemin passait par le « Champo », petit bistro à côté du cinéma du même nom. Le flipper y avait bonne réputation. En un rayon de cent mètres, tous les ingrédients d'une après-midi bien pleine se trouvaient ainsi réunis.

Entre le parti et ses étudiants, l'affrontement était inévitable. La direction dépêcha l'ex-cheminot Roland Leroy pour remettre l'UEC sur ses rails. Lorsqu'il y parvint, les voyageurs avaient disparu. Au recensement de 1964, on dénombrait au moins trois tendances principales et une infinité de sous-courants, qui, assemblés, auraient empli la cinémathèque sans peine. Ils ne s'en privaient pas d'ailleurs.

Le bureau national, BN pour les intimes, était tenu par les Italiens, ainsi nommés pour leur propension à loucher du côté transalpin. (Auto) critique du passé, curiosité intellectuelle, agilité d'esprit et rare

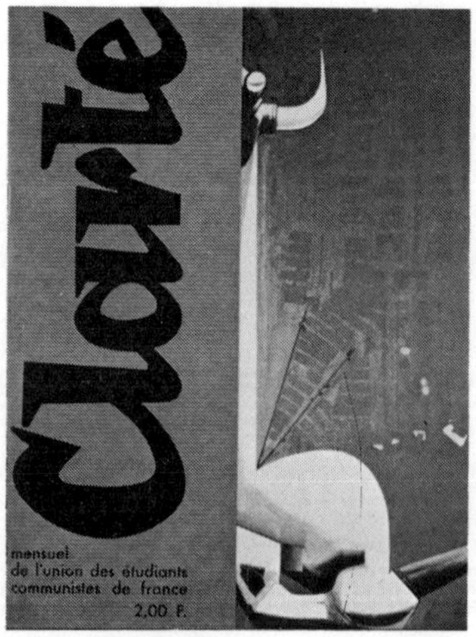

Février 1963, Evtouchenko, le poète venu du froid, dégèle la Mutu (Photo R. A. -Gamma). Les dirigeants du PSU s'interrogent sur leur avenir. Claude Bourdet, Édouard-Depreux, Laurent Schwartz, Gilles Martinet, Jean Poperen, Alain Savary et Charles Hernu (Photo Keystone).

denrée, l'humour : le parti de Togliatti possédait tous les attributs pour inciter les militants français au rêve.

L'« opposition de gauche » regroupait sous ce glorieux et quinquagénaire vocable les héritiers de Léon Trotski. Contre son assassin, le Géorgien moustachu, ils invoquaient le bolchévisme originel. La main sur le Talmud, ils cherchaient à refermer la lourde parenthèse de la glaciation. Ils s'y brûleront les doigts.

Les « ulmars » s'étaient retirés en haut de la colline dans le cloître de Normale Sup'. Eux, c'était à Marx qu'ils voulaient revenir. Plongés dans *Le Capital,* ils convoquaient les concepts. Louis Althusser était leur maître; ce n'est que plus tard qu'ils découvrirent, tardifs humoristes, qu'« Althuss-sert-à-rien ». Entre-temps, ils s'étaient mis au chinois.

Rivales, les trois fractions furent défaites à tour de rôle. *« A l'UEC, on bouffe des spaghettis avec des baguettes »* plaisantait Leroy, porté sur le Goulasch. Il y avait – faut l'avouer – de quoi y perdre son (quartier) latin. Un débat entre Italiens et Chinois arbitrés par les disciples d'un révolutionnaire russe assassiné au Mexique, un quart de siècle plus tôt. Le local de la place Paul Painlevé était vraiment exigu.

9 décembre 1964, salle de la Mutualité : débat organisé par « Clarté », avec S. de Beauvoir, J.-P. Sartre, J.-P. Faye, J. Semprun, sur le thème : que peut la littérature?

Le vieux monde prenait de la bedaine. Gavés de Malraux, l'insurgé de Canton, pas le blanchisseur de Paris, les Borodine du « Select » rasaient les murs de la Sorbonne. L'Histoire avait oublié le rendez-vous, mais sous d'autres latitudes, l'heure des brasiers avait sonné. A Alger, les pieds-rouges succédant aux pieds-noirs, apprenaient à Ben Bella l'autogestion en dix leçons. A Conakry, Sékou Touré faisait

Manifestation de l'UNEF. Krivine à l'extrême gauche (sur la photo) porte encore la cravate (Photo E. Kagan). Conciliabules (Photo Marc Riboud-Magnum). 1965 : A la porte de la Sorbonne, Pierre Goldman vend le journal des étudiants communistes contestataires (Photo E. Kagan).

figure de révolutionnaire et toute l'Amérique Latine était secouée de convulsions. Encerclée par le tiers monde, l'Europe, c'était inscrit sur le grand rouleau, demanderait bientôt grâce. Avant de revenir en son berceau, la Révolution secouait les Tropiques qui n'étaient plus tristes.

Depuis 1962, deux astres brillaient dans le ciel du communisme. Mais le soleil qui rougissait le Grand Orient éclipsait les blancheurs sibériennes. Dans nos contrées, beaucoup se découvrirent une vocation de garde-rouge. La Grande Révolution prolétarienne était aussi culturelle et les badges du Grand Timonier croissaient sur les poitrines intellectuelles. Sur les bords de Seine qu'il était difficile, pourtant, de confondre avec le Yang-Tsé-Kiang, on se mit à ânonner dans un livre rouge, bizarrement petit.

Personne n'avait lu un certain « retour d'URSS ». Il fut facile de l'oublier. Les révolutionnaires avaient enfin trouvé leur révolution. Armés de la pensée Mao-Tsé-toung, ils partirent en pèlerinage en Chine. Quelques rides plus tard, il fallut bien en revenir. A la Mutu, les amitiés franco-chinoises organisaient d'inoubliables soirées. Sous l'œil placide de Mao, la verrue postérisée, on projetait l'Opéra de Pékin, devenu, réalisme socialiste oblige, un opéra de quat'sous.

Barbe au vent, cigare fulminant, index pointé, Fidel défiait les cochons de Yankees, ridiculisés dans la baie du même nom. Cuba si! Le regard tourné vers La Havane, nous contemplions, fascinés, cet ouragan sur le sucre : enfin la Révolution, la vraie, qui tournait le dos à Washington et traitait Moscou de « gâteuse ». La Justice, la Liberté et la Fête : que demandait le peuple? A bouffer! les cargos soviétiques débarquaient des camions et des conseillers « techniques ». Dans son cachot, le commandant Hubert Mattos, le compagnon des mauvais

Un homme de petite verrue.

Un spectre hante l'Amérique latine.

jours au fond de la Sierra, purgeait ses vingt ans pour « déviationnisme ».

La révolution à pas de conga gagnait le continent andin, guidée par la figure d'archange d'un médecin argentin asthmatique. Béret noir, treillis vert-olive, regard sombre fixé sur la Cordillère, Guevara éclatait sur les murs des chambres d'étudiants. Le Che, incarnation du Bien absolu, prophète d'une révolution pure, était immortel. Lorsque la photo du corps déchiqueté assombrit la une des journaux, nous criâmes à la supercherie. Puis vinrent les larmes.

Octobre 1967, salle de la Mutualité : la Jeunesse Communiste Révolutionnaire organise une soirée à la mémoire du Che.

D'autres reprirent le fusil, en criant la victoire ou la Mort. La victoire se fit désirer. L'Amérique Latine devint un charnier où s'entassèrent les corps meurtris de héros qui n'avaient pas trente ans. Les grands soirs s'achevèrent dans les salles de torture et les guérilleros connurent des petits matins que la mitraille laissa inachevés. Les gorilles continuèrent leurs meurtrières singeries. Le fond de l'air était rouge sang. Des deux mains, nous votions la lutte armée pour les Brésiliens, les Boliviens ou les Argentins.

Indifférent à nos misères hexagonales, il était parti, armé de son agrég' de philo, rejoindre le Che. Ce geste, qui n'avait pas la gratuité d'une simple esthétique, combien en ont rêvé, les fesses calées sur les banquettes du « Champo ». Certains l'imitèrent, tâtèrent de la guérilla, en revinrent. D'autres pas. Mais qu'allait donc faire Debray en Bolivie, s'inquiétait l'*Humanité*. Les frontières on s'en fout, répondit, un peu plus tard, l'écho. A Camiri, le camarade Régis n'entendit rien. Les murs de sa cellule étaient trop épais.

OSPAAAL

Un amateur de Davidoff. Régis Debray au cours de son procès (1967). Condamné à trente ans de prison (Photo Keystone).

30 mai 1967, salle de la Mutualité : Jean-Paul Sartre participe à un meeting pour la libération de Régis Debray.

Depuis son refus du prix Nobel, le philosophe sexagénaire avait retrouvé la jeunesse. De Gaulle pouvait bien lui donner du « Cher Maître », Sartre était des nôtres. Procureur, il présidait le Tribunal Russel qui jugeait les crimes de guerre américains. Ces années-là, l'histoire s'écrivait au napalm. Rue d'Ulm, on ne s'était pas encore avisé que la barbarie avait un visage humain, mais de part et d'autre du dix-septième parallèle, des brûlés boursouflés pressentaient que l'humanité avait un visage barbare. Sur les cinq continents, des témoins impuissants, drapeaux du FLN déployés, arpentaient sans fin le macadam. L'oncle Ho avait un si bon sourire. On ne savait pas encore que le Gouvernement Révolutionnaire « provisoire » n'avait pas volé son nom. Entre les B52 de l'US Air Force et les chars venus du nord, les Vietnamiens qui manquaient d'air devraient un jour choisir le large. Dans cet archipel, aussi, on s'y noierait. Pas seulement de chagrin.

A la Mutu, à l'occasion des « six heures pour le Vietnam », on s'entassait pour applaudir Stokeley Carmichael, leader des Black Panthers. Noirs américains et vietcongs ont le même ennemi, proclamait-il, poing dressé. Dans les rizières, les marines de couleur tombaient comme des mouches.

Vu de loin, Babylone paraissait minée de l'intérieur. A Berkeley, les étudiants découvraient les affrontements de rue et les gaz lacrymogènes, le mouvement anti-guerre noircissait les larges avenues de la capitale fédérale, les hippies – peace and love – envahissaient le port de Frisco et Malcom X déplaçait les foules noires.

10 décembre 1967, salle de la Mutualité : l'Union des Jeunesses

Novembre 1965 : la première manifestation contre la guerre du Vietnam, 3328 suivront (Photo Keystone). Malcolm X (Photo Keystone). 1966, Stokeley Carmichael à un meeting du Comité Vietnam National (Photo E. Kagan).

Communistes marxistes-léninistes organise un grand meeting anti-impérialiste.

La vieille société avait la fièvre. Partout, les mêmes symptômes étaient apparus. A Tokyo, les Zengakuren réinventaient des techniques de combat moyenâgeuses. A Berlin, un nommé Rudi Dutschke appelait à la révolte à la fois contre l'Est et l'Ouest. A Varsovie, on encabanait les hooligans et à Prague se préparait le printemps.

A chaque embrasement, la Mutu s'enflammait. Après son tour du monde, la flammèche revenait. On avait consenti un demi-sourire à la poignée de fous, qui, à Strasbourg, s'étaient un temps emparés de la faculté. Où situer ces « situs » qui, avec une longueur d'avance, voulaient remédier à la grande misère du milieu étudiant. L'imagination se frayait un chemin vers le pouvoir.

Les étudiants prenaient le chemin des banlieues. Entre deux bidonvilles de l'ouest parisien surgissait une université. Ceux qui voulaient servir le peuple, étaient servis. Suffisait de tendre la main. Dans le ghetto du campus, la poudre s'accumula. La première escarmouche eut pour objet une trouble affaire de permission de minuit. Les règlements dataient d'une époque où on enfermait les demoiselles au coucher du soleil. La République gaullienne avait de ses pudeurs! On revendiqua la libre circulation des deux sexes dans les résidences universitaires. Ce fut une affaire d'État, qui se traita, comme il se doit, en conseil des ministres.

L'un d'entre eux, téméraire, s'aventura jusqu'à cette terre de folie. Un rouquin joufflu l'apostropha. Partis de leur fief, les damnés de Nanterre revinrent à leurs premières amours. La Sorbonne leur ouvrit

PAIX AU VIETNAM

les bras. Cette année-là, le printemps était à l'heure. Ce fut un joli mois de mai.

9 mai 1968, salle de la Mutualité : plusieurs milliers d'enragés applaudissent Cohn-Bendit, Krivine et Peninou.

Mais ceci est une autre histoire.

Patrick Rotman est journaliste. Il est auteur (avec Hervé Hamon) des *Porteurs de valises* (Albin Michel) et de *L'effet Roccard* (Stock).

NOUVEAU FRANC

PHILIPPE CORRON

Cette ode est dédiée aux maîtres de la Planification, aux héros du Management et à quelques autres... Elle est faite de leurs écrits et de leurs dits.

Nous entrons dans un monde au rythme accéléré
Les actifs agricoles réduiront de moitié
Sur le modèle urbain tous seront alignés
Et cette évolution doit être encouragée.
Non, non! ne pleurons pas le temps des artisans
Aux mécanismes aveugles nous substituons le Plan
L'action coordonnée dépassera l'événement
Dans la voie d'un progrès qui sera convergent
Chaque élément futur est lié nécessairement
A la série passée d'éléments précédents.
Il existe un avenir qui se réalisera
Programmons l'espérance, le citoyen, l'État.
Français coordonnez tous vos efforts présents
Pour un taux de croissance de cinq pour cent par an.
Que craignez-vous? parlez : c'est trop longtemps se taire.
Ah! vous craignez pour l'équilibre monétaire,
Vous prêchez la prudence et la modération
Que vous font le sous-emploi et la stagnation!
Les hommes, les industries, les civilisations
Tout converge en ce monde, tout est inéluctable
Tout est exponentiel, tout est en mutation

Tout monte et se traduit par une augmentation,
Nous devons la vouloir! elle est inévitable
Un fatal mécanisme régit l'évolution
Cet impérieux besoin, la motorisation
De la mobilité est une condition.
Échauffez nos transports, trop lents, trop retenus
Vingt millions de voitures seront la bienvenue
Car tel est le désir des deux tiers des ménages.
Mais le monde est fini! l'espace est limité!
Encombrement du temps, managers accablés
Du poids des décisions et des embouteillages
Vaincre l'encombrement est une priorité!
Dans le monde moderne l'homme est encombré
Et l'angoisse veut dire je me sens débordé.
La centralisation de l'administration
(confer Napoléon) freine l'expansion
Tout le monde l'admet, on ne peut plus le taire
Notre faiblesse vient de notre cloisonnement
L'organisme vivant est un système ouvert
Pas d'expansion si l'on n'ouvre pas les frontières.
La société française doit être débloquée
En dosant le changement et la continuité.
Les structures de la France trop longtemps immobiles
Doivent se transformer (mais dans la discipline)
Regroupons, concentrons, fermons les puits de mine
Cassons! éliminons! les structures inutiles
Trop d'idées périmées, de situations stériles
Libérons-nous du malthusianisme désuet,
Car la désuétude est la rançon du progrès.
Tout grandit, tout s'imbrique et devient planétaire
Cherchons le consensus entre les partenaires
Sociaux. Rapprochons-nous, visons la noosphère
Recherchons le dialogue et la concertation
Offrons à nos exclus l'aide aux reconversions

Les idéologies sont toutes périmées
Elles sont inhumaines. La vraie Révolution
Se fait par le progrès et la négociation
Dans la consommation de masse qui engendre
Un climat de bien-être. Vers lui nous devons tendre
Satisfaire les besoins toujours croissants des masses
Est la meilleure façon de supprimer les classes.
Les classes sont déjà en voie de disparaître
Même nos adversaires doivent le reconnaître
De la classe ouvrière souhaitons l'embourgeoisement.
La recherche menée scientifiquement
Doit être substituée à la vaine critique
Elle est efficace et socialement bénéfique
Car les sciences humaines sont neutres et impartiales
Elles seront le soutien de notre action sociale
Cultivons les études de motivation
Entre tous assurons la coopération
Grâce aux grandes vertus des human relations
La science nous apprend à gérer les conflits
Ouf! Célébrons la mort des idéologies.
Entreprise et progrès, telle est notre devise
Quand saurez-vous enfin gérer une entreprise!
Manier le marketing et par l'informatique
La planification des axes stratégiques
Mais que leur a-t-on appris à Polytechnique!
Il nous faudra réformer l'Université
Avec les industries elle doit collaborer
Nos ressources humaines doivent être recyclées
Les séminaires de formation psychologique
Feront des petits chefs des cadres dynamiques.
La productivité! la productivité!
Doit unir à jamais les Français divisés,
Donnons-nous pour modèle les États-Unis
Détruisons à jamais tout ce qui est petit

Les petites villes ou les petits commerçants
Oui! les Américains vont toujours de l'avant
Ils nous ont enseigné la science du management
Nous les suivons de loin, de loin ils nous précèdent
Ils nous mettent au défi! que faire sans leur aide.
Là! n'écoutons plus la voix des passéistes
Intellectuels aigris, commerçants poujadistes,
Les plus conservateurs sont les syndicalistes
Ils semblent modérés et restent fanatiques
Leur dogme c'est le vieil équilibre statique
Le monde n'évolue que grâce à ses élites,
Plaignons nos chefs courbés du poids de leur mission
Leur pouvoir est le fruit d'une juste sélection,
Louons leur intelligence et admirons leurs dons
Au service de tous ils mettent leurs compétences
Et leur autorité est celle de la science.
L'encéphale est ce qui manque à la société
Enseignons à nos cadres la créativité.
Ne craignons pas l'atome ni les technostructures
Aucun système ne peut exclure la contrainte
Et des esprits chagrins faisons taire les plaintes
Vite! vers nous s'avance le choc du futur!

Philippe CORRON est élève à l'École Normale Supérieure.

Je me souviens...

Je me souviens que ce Plan était alors à son zénith, avec Pierre Massé. L'Aménagement du Territoire développait au niveau gouvernemental ce que j'avais entrepris, dans les années 50, à partir de la Caisse des Dépôts. Nonobstant Giscard, je m'en souviens aussi. Entre l'État et le Citoyen (protagonistes exaltés seuls, au début, par le Club Jean Moulin), on voyait poindre des relais nécessaires, d'autres « médiateurs », propres à « nationaliser l'État », avant l'explosion de 1968, laquelle fut révélatrice, entre autres, du besoin négligé d'une décentralisation et d'un micro-collectivisme.

Je me souviens, notamment, d'un « Groupe de recherche ouvriers-paysans » où se rencontraient des syndicalistes lucides, de jeunes agriculteurs, de jeunes patrons et qui permettait à quelques fonctionnaires d'élaborer avec eux des projets communs : la « planification démocratique » et ses corollaires bientôt déçus (butant sur l'esquisse malheureuse d'une « politique des revenus »); la « réforme de l'entreprise », à laquelle Giscard était très hostile et que j'avais enfourchée par hasard. On bâtissait, on équipait, on inventait, dans l'euphorie de l'expansion, ce train que la France, pour une fois, n'avait pas manqué.

Je me souviens qu'autour de *l'Express,* où nous nous retrouvions (chez ce mondain réformiste qui savait capter les humeurs plaisantes et les talents utiles), les agitations politiques n'étaient vraiment intéressantes pour les gens de mon espèce que parce qu'elles conditionnaient (Dieu sait avec qui et comment?) un retour au « mouvement », alors que les principaux supporters du Pouvoir savouraient l'immobilité, prix de leur fidélité. Je me souviens qu'il était difficile de vibrer pour l'élection présidentielle de 65, une campagne où les iconoclastes de service n'étaient pas des saint Georges. Mais une fraction notable des technostructures, celle qui avait du cœur et qui était sincèrement éprise de changement, comptait sur ces secousses pour avoir raison d'un Pompidou conservateur, trop vite agacé par les gentilles velléités des gaullistes de gauche.

Je me souviens que de Gaulle lui-même ne cessait de vouloir « l'association », cette « troisième voie » trop fréquentée par des amateurs de compromis compromettants et toujours sans issue. Je me souviens que ses collaborateurs l'y laissaient assez seul, avec ce brave matamore de Capitant et ce sceptique sentimental de Vallon. Cependant que Mendès France, toujours irréductible sur la question constitutionnelle qui n'intéressait plus personne, conservait, pour d'autres raisons, un vif éclat aux yeux des nostalgiques du jamais-arrivé (du jamais-arrivable?), dans une délectation morose tout à fait digne.

Je me souviens, au total, d'une décennie heureuse, qui consacrait notre renouveau, un à-peu-près fort honorable, dont, le temps passant, on se souviendra, sans doute comme d'un paradis perdu.

FRANÇOIS
BLOCH-LAINÉ

LIVING

JEAN-FRANCIS HELD

En ce temps-là, c'était facile de faire du nouveau journalisme. Même sans le savoir. Surtout sans le savoir. Du signifiant, il n'y avait qu'à se baisser pour en prendre. On ne pouvait pas sortir de chez soi – ou même y rester –, on ne pouvait pas ramasser un prospectus, effleurer de l'œil les annonces publicitaires, écouter une discussion de bistrot, traverser la rue, se regarder vivre, sans moissonner des tombereaux de matériel ethnologique contemporain. Il pleuvait des vérités premières : tant pis pour les étourdis qui oubliaient de tendre leurs tabliers.

Notre température culturelle, alors, se laissait lire comme un vaste livre ouvert dont les lettres eussent été des objets, des machines, des services, des désirs redoutablement simples. Bref, des trucs plutôt que des idées. Sans aucun projet, je m'étais mis à soulever un à un les bidules de notre entourage, en ordre dispersé, et je m'émerveillais de trouver en dessous des pépites ou des cloportes. Avec ses mythologies, Roland Barthes avait ouvert la voie. Mais, pièce par pièce, des années durant, la pratique journalistique allait permettre de dresser une sorte d'inventaire des choses qui étaient, pour un temps, notre portrait craché. C'était cela, peut-être, qui était nouveau. Mais je m'en suis rendu compte bien plus tard. A l'époque je me contentais d'écouter mes très conformistes tentations et de me gratter là où ça démangeait tout le monde.

J'ai commencé par l'auto. C'est elle qui m'a mis d'abord la puce à l'oreille. Tout simplement parce que j'adorais conduire et qu'il est doux de fouiller ses voluptés. Commençons donc par l'auto, logiquement et sans vaine nostalgie. Ce n'est pas si loin : mais ce qu'on pouvait être ballot ! L'auto : le plus énorme, le plus facile à déchiffrer. Le plus fragile aussi, la suite des événements l'a montré. Les idoles colossales, celles que l'on adore sans discernement, ont les pieds en mou de veau.

Rappelez-vous : la Triumph TR-4, l'« homme à la Triumph ». Sa force c'était de ne pas être tellement typé ni univoque. Il y en avait des kirielles, « d'hommes à la Triumph », en exercice ou en projet plus ou moins formulé. Des représentants de commerce, des jeunes bourgeois émancipés, des commis bouchers économes, des jeunes cadres, des margoulins, des docteurs et des intellectuels de gauche qui en avaient marre, les premiers contrats signés, de leur image en « 2 CV » pourrie. Le désir était si bien partagé que pour jouer au microsociologue, il fallait entreprendre de dresser des typologies selon la couleur. Les intellectuels, par exemple, rêvaient leurs TR-4 noires, ou vert bouteille. Pas rouges ni blanches.

Je pense à la TR-4, premier avatar abâtardi et consommatif des *vrais* roadsters anglais de l'Age d'Or, parce qu'elle crève les yeux. Les multiples interviews que j'avais faites « d'hommes à la TR-4 » m'avaient fourni des portraits trop beaux pour n'être pas vrais, avec leurs béatitudes hallucinées, leurs sublimations à la flan et leurs pudeurs vaseuses. Mais la cristallisation automobile s'effectuait à tous les étages.

Le dimanche sur les nationales vierges de panneaux limitatifs, les pères de famille paisibles se tiraient des bourres farouches, le pied au plancher de leurs 403 et de leurs « Arondes », jusqu'au sommet des côtes et, bien au-delà, jusqu'au paradis des chauffards. Les épouses et les enfants avaient beau pleurer, on n'allait pas se laisser doubler par ce con, tout de même. Certes, on se tue encore aujourd'hui. Par inadvertance ou pour un coup de trop. Mais dans les années 60, les papas mouraient comme Parsifal, en quête d'un Graal qui était leur Vérité. Depuis, les motards ont remplacé, avantageusement, les jeunes écervelés qui collaient des bandes à damier sur les bas de caisse de leurs fausses Gordini. Il y a eu substitution. Mais les millions de ventrus épiques dont les mains transpiraient sur la bakélite des volants triviaux ont disparu sans postérité.

Même les pères de famille rêvent d'être « l'homme à la Triumph » (Photos Régie Renault et British Leyland).

Une Floride, une DS et un dragueur (Photos Régie Renault, Hartmann-Magnum et Niepce-Rapho).

Las Alfa – *« Pour oser vouloir une Alfa, il faut être né comme ça »,* disait la publicité –, les géniales Cooper S, les DS – filles des 15 six –, les Alpines 1100, puis 1300, les stupides Capri, quel fécond bestiaire, quel rendez-vous cohérent entre les hantises de chacun et l'astuce des concepteurs démagogues !

Pour mieux entendre, à chaud, les libres associations et les ferventes prières des fidèles, j'avais pris l'habitude de laisser quelques heures, place Saint-Germain-des-Prés, les nouveaux modèles que me confiaient les constructeurs avides d'obtenir l'aval des « locomotives » abonnées au *Nouvel Observateur.* Je m'embusquais à proximité et j'attendais. Autour d'une Lamborghini « Miura » comme d'une « Taunus » calamiteuse, il y avait foule. Les commentaires étaient lyriques comme ceux du Régent de France à propos de son destrier dans « Henri V » de Shakespeare, ou ceux du comte de Thaler dans « Le Rouge et le Noir ». Quelles noces ! Une nation exaltée se regardait en face, se trouvait belle, forte, sauvage et confiante. C'était une trouvaille, aussi, d'ériger soudain, après les frustrations de la guerre et de l'humilité prolétarienne, sa libido en chevaux-vapeur !

Une fois, en voyage au volant d'un cabriolet assez libéralement chromé, j'ai pris en stop un de ces innombrables gentlemen qui brûlaient de se magnifier, sans risques, le Moi à travers une belle auto. D'abord le type est resté silencieux, presque prostré. Et puis, il a soupiré : *« Dites donc, qu'est-ce que vous devez en ramasser, des gonzesses, avec votre bagnole de sport ! »* Strict bon sens. Filmé pour une émission de télévision, un affreux dragueur blet et enrichi dans le traficotage immobilier nous racontait – en contrejour ! – comment il s'était acheté une Jaguar type E uniquement pour lever des minettes. Tel jeune homme, lui, devait presque chasser à coups de pied les fillettes qui s'entassaient dans sa TR-4, à la sortie du Lycée Molière. Ces véhi-

MAUVAIS TEMPS :

40 tués

(pendant le week-end)

sur les routes

(Page 7 : nos informations.)

•

20 Européens (dont une femme) libérés à Alger

(Page 4 : nos informations.)

•

Marché commun : Les négociations avec Londres reprendront en octobre

(Page 5 : nos informations.)

•

La fille du savant anglais mort de la peste arrive mardi au Havre

avec Chantal, la petite Française

(Page 4 : nos informations.)

•

Val d'Enfer : « J'ai assisté au meurtre » dit le gitan

(Page 3 : nos informations.)

cules transfigurés à mille lieues au-delà de leur fonction s'appelaient des « aspirateurs à nanas ». Les hommes, certes, étaient les sectateurs stupides d'un Moloch en soi plutôt débile : mais les femmes, à peu d'exceptions près, marchaient au canon. On ne triche pas avec les valeurs. La voiture c'était la réussite, la liberté, l'indépendance, l'individualité faite esprit et matière. Bref, le pied et l'accomplissement.

Je schématise forcément. Comme tous les instants, toutes les époques, celle de l'auto fut de mutation. Et de mutation intense, d'intense bouillonnement, puisque toutes les forces vives de l'imagination créative occidentale semblaient mobilisées, stimulées par la bagnole. L'auto vivait avec trop d'intensité pour ne pas mûrir, en elle-même, la promesse de son âge mûr laïcisé. Au beau milieu d'une débauche de mufles de requin, d'attributs « sportifs », d'enjoliveurs d'ego, les ingénieurs de notre Régie – précédés, il est vrai, par l'Italien Dante Giacosa et son Autobianchi « Primula » qu'on ne louera jamais assez – conçurent enfin la voiture *utile,* la Renault 16 multi-fonctionnelle, moins auto mais plus outil.

Tout ça pour dire qu'en ce temps-là, la bagnole avec ses notes vraies ou fausses, ses distorsions commerciales, ses bémols esthétiques, ses zigzags selon la plus versatile des modes, était un vrai récital de la musique de nos désirs. Une œuvre, ni plus ni moins. Qu'on pense, seulement, aux polémiques fondamentales déclenchées par le frein à disque, la traction avant victorieuse du tout à l'arrière, et l'arrivée des premières boîtes automatiques qui mettaient en question notre virilité et son levier phallique! Pendant l'ère automobile, l'homme qui doutait en secret de sa vigueur sexuelle rêvait que sa belle voiture rouge « calait » avant d'arriver en haut de la côte, et il se réveillait baigné de sueurs d'agonie. De bas en haut et dans tous les sens, l'auto nous illustrait, avec notre naïve confiance en un avenir toujours plus juteux. Elle déclinait nos caprices d'enfants prodigues et prodiges. Si vers l'an 3000 ou 4000, bien après le cataclysme, un archéologue du futur découvre, comme en un Chéops de béton, une Cadillac « Eldorado » – celle avec des ailerons baroques – préservée par miracle au fond d'un garage, il pourra inférer notre civilisation des années 60, dans sa totalité. Une Talbot « Horizon » ou une Peugeot 604 lui en dirait beaucoup moins, ou rien du tout.

Il n'y avait pas que l'auto, bien entendu. Une multitude de bidules, qu'on ne remarque presque plus, nous sont advenus dans les années 60. Ou, si on les connaissait déjà, sont passés dans nos mœurs. La mousse à raser et les autres trucs en bombe. Les silicones, les vernis à parquets. Les machines à laver, les détergents, et autres affûtiaux de cuisine, les vêtements relax, et tout et tout, parce qu'il ne faut pas oublier que les années 60 ont quand même duré 10 ans. L'aube de la Hifi aussi. La Spontex. L'irrésistible ascension du Tampax. Avant il n'y avait rien. Après c'est le déluge, le capharnaüm, la prolifération. A l'américaine, comme disait le facteur de Jacques Tati.

Impossible de faire l'inventaire des bricoles d'autour de nous. Ouvrons plutôt, après la bagnole, le Diable et son train, la deuxième des trois grandes portes du « boom » adolescent : le voyage. Nul ne pourra jamais, dans une pyramide, trouver des vacances momifiées comme une Cadillac. Mais si elles ne sont pas aussi violentes que celles de la passion automobile, les lois du voyage nous ont bouleversés, peut-être, plus profondément encore et durablement. *L'Iliade* est bruit et fureur. *L'Odyssée,* insondable, est trajectoire initiatique...

Toujours sans propos délibéré, écoutant mes désirs et soucieux de prendre du bon temps professionnellement justifié, j'ai souvent sauté dans le train en marche, pendant ces années-là. Ma première excursion me conduisit dans le plus colossal des laboratoires contemporains, au

La ruée vers le soleil :
le Club méditerranée à Cadaquès
(Photos Riboud-Magnum).
Un camping en Corse (Photo cartier-Bresson-Magnum).

Club Méditerranée. A Agadir, exactement, dans « l'hôtel-club » tout neuf dont la somptuosité impliquait tout un monde de mutations parfois douloureuses.

Le Club était en train de nous faire sa puberté. Gérard Blitz, le grand Krishnamurti illuminé des vacances à la tahitienne, rien dans la poche, rien dans la tête, avait quelques années plus tôt initié les premiers GM à l'ascétisme solaire. Et puis le temps du business était arrivé ! Pour un ascète, il y a mille goinfres, donc mille clients. A Gilbert Trigano de les combler, quitte à tordre un peu la queue de l'idéologie-Club. Il fallait tout inventer, ou du moins vêtir les pulsions éternelles avec des paréos neufs. Informulées mais impératives, des lois étranges virent le jour. La nouvelle société du loisir ne pouvait, malgré certaines professions de foi publicitaires, prospérer dans l'anarchie. Pour rigoler, pour danser, pour brandir la culture, pour picoler, pour aimer, pour voyager, pour mentir, pour parler, pour dominer, on suscita des modèles qui perdurèrent d'été en été. Ce travail fou n'était autre que le Code Napoléon de la prospérité. Comme l'auto, comme toute chose, l'image du bonheur-vacances flamboyait, soleil immensément récupérable sur les masses occidentales. C'était la première fois, dans toute l'histoire du monde.

Générateur de merveilles et d'abomination, le Club était un laboratoire de pointe : mais il théorisait des attitudes qui prenaient force de décret bien au-delà des villages. L'art d'accommoder, tant bien que mal, l'évasion, et d'élargir l'horizon des routines. Un travail de Romain, quand on y pense avec un peu de recul...

Le grand œuvre avait mis longtemps à mûrir, depuis l'âge aristocratique des gentlemen à Baedeker, plaids à carreaux et sacs à soufflets. Il y avait eu les tandems, les bonnets à pompons du Front populaire en vacances. Puis, l'après-guerre pour prendre de l'élan. Et dans les

ACTIVITÉS PLANÈTE

Les causeries de Cefalù

Les entretiens sous les oliviers qui ont commencé à la fin de mai ont reçu l'approbation des adhérents du Club Méditerranée si nous en jugeons par l'accueil qui leur a été fait. Les conférenciers de notre équipe seront encore présents en juillet et en août à Cefalu, le village sicilien du Club.

Du 11 au 18 juillet:
Jean-Jacques Berreby, Itinéraire méditerranéen.
Du 18 au 25 juillet:
Jacques Mousseau, rédacteur en chef de Planète, Des loisirs, pour quoi faire?
Du 25 juillet au 9 août:
Pierre Restany, critique d'art, L'art moderne à un tournant.
Du 9 au 22 août:
Messieurs X., Les domaines de l'astronautique.
Du 22 au 29 août:
Jacques Lecomte, maître de recherches à l'U.N.R.A., agrégé en sciences, Le symbole chez l'animal.
Du 29 août au 12 septembre:
Jacques Sternberg, écrivain, prix de l'Humour, Les côtés roses de l'humour noir.
Du 12 au 19 septembre:
André de Cayeux, professeur à la Faculté des Sciences, L'accélération en géologie jusqu'à nos jours.
Du 19 au 26 septembre:
Rémy Chauvin, zoopsychologue, directeur de laboratoire à l'École des Hautes Études de l'Université de Paris, Les sociétés animales. L'intelligence chez les animaux.
Du 26 septembre au 10 octobre:
Aimé Michel, licencié en philosophie, conseiller technique à la Télévision, La vie dans l'univers sidéral.

Ceux qui ne voyagent pas connaissent la modernité des « grands ensembles » (Photos Cartier-Bresson-Magnum).

années 60, comme pour l'auto, comme pour tout, le vertige des promesses tenues.

Là encore, il importe de considérer les tranches, les « catégories socio-professionnelles », successivement concernées. Parce que « classes », ça fait un peu rétro et connoté... Les locomotives partent en tête. Ce sont les privilégiés de la fortune, de la culture, ou des deux à la fois. Au début, rappelez-vous, on a commencé par l'Espagne et l'Italie. Il fallait du soleil, de l'huile d'olive, des mains qui remuent. On était tous Goethe, cap au Sud et au poème. Bientôt, les wagons ont suivi. Les locomotives ont remis la vapeur, pour fuir en avant. Découverte de la Grèce, des blanches Cyclades. *« Mon île au loin, ma Désirade... »* Puis, la Turquie. On pourrait dater chaque grand bond en avant.

D'étape en étape, la foule a suivi. La moitié de la France, bon an mal an. Chez la cousine de la Creuse, certes, mais assez de voyageurs tout de même pour qu'il soit, horreur, question de tourisme. D'autant plus que les charters sont arrivés.

Plus loin, encore plus loin. L'Inde, Bangkok, le Népal. L'année des Antilles, l'année du Pérou. Une à une, j'ai suivi les vagues sans réaliser encore qu'elles étaient un raz de marée, je me suis engouffré dans le ventre des avions, héritiers du petit train départemental. Les périodes de latence entre l'arrivée des exquis pionniers et l'arrivée des hordes à Kodak sont devenues de plus en plus brèves. Ce fut un vrai festival de récriminations et de contresens. Il fallait réagir. On réagit...

Premier symptôme de la rétraction : l'avènement du Nord. Il y eut l'année de l'Irlande et des *« petites routes qui ne mènent nulle part »*, vantées par un office du tourisme particulièrement dynamique. Puis l'année de la Finlande, de la cabane en bois perdue au bord d'un lac perdu... Pas de foule, cette fois. Même pas d'embouteillage de locomotives. Mais une petite révolution qui vous taraude quelque part. C'est fatigant à

RAPPEL

Design et plastique :
Deux créations de Marc Held.
Une démonstration Tupperwear
(Photos M. Held et Gaumy-Magnum).

force, les vacances chez les sous-dev', avec ces types maigres qui se battent pour porter votre valoche ou cirer vos pompes. Et puis, le *« je reviens juste de Ceylan »* n'avait même plus le mérite de classer son homme, vis-à-vis des autres et de lui-même. On était mûrs pour obéir à « la loi du Retour ».

Inutile d'essayer de chercher des correspondances avec mai 68 : on s'y perdrait. Le courant est trop vaste, sinon trop équivoque. Dans les années 60, tout était, comme d'habitude, dans tout. N'empêche que les locomotives, jugeant le monde petit aux yeux du souvenir, sont revenues au bercail trouver les vérités qu'elles avaient fuies. *« Vous savez quoi ? J'ai dégotté une maison déli-cieuse en Lozère ! On y fait du fromage comme du temps de ma grand-mère, et le vieux paysan qui me loue ça est d'un authentique... »* Ainsi, la crête des premières vagues a rejoint l'arrière-garde de la dernière vague, qui piétinait encore sur la ligne de départ. Boucle bouclée. On a même connu une locomotive particulièrement aérodynamique, garée à Montparnasse, qui passait l'été dans un deux-pièces-terrasse des Hauts-de-Belleville.

Troisième volet, enfin, du panorama des choses 1960. Moins tonitruant que l'auto et les vacances, mais comme par hasard, l'épithalame tient mieux le coup. Il n'y a pas vraiment laïcisation, parce que l'éblouissement mystique a été plus délayé, insidieux. Plus près de l'œil, aussi, presque jusqu'à le crever. Notre décor quotidien. Le design, comme on a appris à dire quand l'esthétique industrielle nous a éclaté au nez.

Dans ma mémoire, les étapes du design étaient moins nettement marquées que les autres. Je suis allé me rafraîchir les idées auprès de mon homonyme Marc Held, qui sait de quoi il parle. A l'époque, son fauteuil avait provoqué des attroupements rue de Seine. *« Prototype pour l'industrie du plastique »,* ça s'appelait. Chaque mot faisait mouche, crochait dans le désir du moment, même si Marc ne l'a compris qu'après.

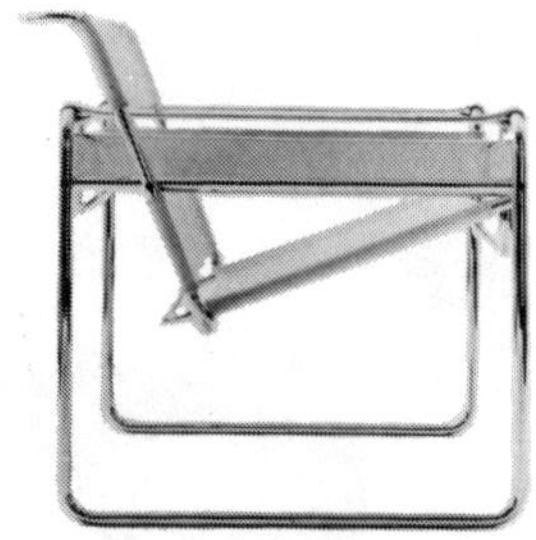

Industrie! Plastique! Vachement moderne! Voilà ce qu'il nous fallait, ce que notre être tout entier appelait fiévreusement.

Il faut dire qu'on revenait de loin, ou de nulle part. Lévitan ou le « style ». A part ça... Les efforts prophétiques du Bauhaus étaient restés prophétiques, sans plus. Le temps n'était pas venu. Plus tard, les premiers coups de boutoir de Knoll, avec Saarinen, et de Hermann Miller, avec le fameux fauteuil Eames, n'avaient pas croché profond. Trop tôt. Pas encore. Pour réagir contre le misérable chêne plaqué, triste et toc comme une HLM en démocratie populaire, il a fallu attendre le scandinave. Pas vraiment du design. Mais du teck rustique, costaud, arrondi, massif, genre bateau, avec des bidules d'acier inox bien solides. On s'est contenté de ça, d'abord, pour se faire les dents. N'oublions pas que le fauteuil de Eames, sensuel et luxueux, avait fait scandale : *« un machin pour dentiste! »* Aimer le design, c'était de gauche, c'était quasiment révolutionnaire. Les bourgeois crachaient dessus. Ils se sont bien rattrapés après.

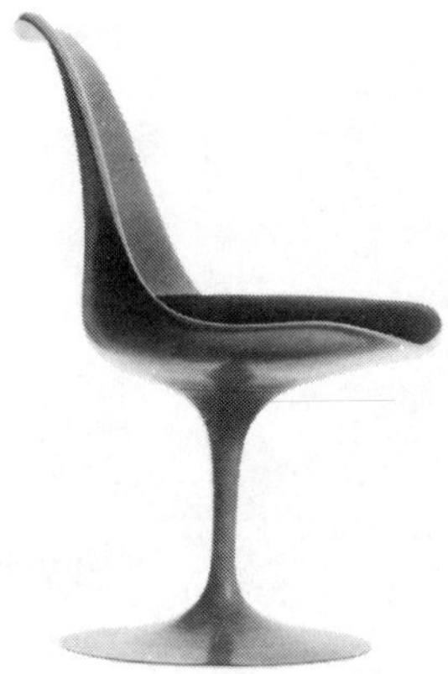

Voilà que les idées Knoll font leur chemin. Pas avec des jouets de prolétaires, assurément. De l'inox, de l'acier brossé, du marbre, du cuir moelleux, du plexiglas fumé... On voulait du beau. Et c'est là que le jeu du design devient juteux, rigolo, un peu comme celui des autos et des vacances, mais avec une incomparable sophistication idéologique.

Marc Held en tête, nos jeunes designers de choc croyaient dur comme fer à leur mission, qui était lumineusement simple. Surtout vue de maintenant... Il suffisait de donner la Beauté au peuple, pour pas cher grâce aux matériaux nouveaux et à la production de masse répétitive : la juste conscience politique ne manquerait pas de s'accrocher derrière. L'esthétique allait désaliéner le monde. C'est vrai, tous les styles du passé étaient marqués, ils étaient signes de la domination qu'ils portaient en leurs lignes. Au contraire, le fonctionnel était franc, pur et

Fauteuils Knoll et « Living-design » (Photos Knoll et Burri-Magnum).

Lit créé par Marc Held pour Prisunic. L'escalier de l'Échoppe, rue de Seine. Une étagère (Photos M. Held).

vrai. Il était donc démocratique, et – par contiguïté – générateur de démocratie. Ce qui est beau ne peut être que bon, et ainsi de suite jusqu'au paradis. C'était plutôt « stal », comme idée. Mais on n'y pensait pas. Ou alors c'eût été à désespérer. De Saint-Germain-des-Prés à Billancourt... D'ailleurs les marchands de bonnes autos et les fabricants de bonnes vacances se prenaient, eux aussi, pour le Messie.

L'embêtant, pour les designers moralistes, c'est que les vilains aliénateurs capitalistes étaient confusément du même avis, mais à l'envers. Ils furent les clients prédestinés du design. Et les Saint Just du plexiglas se mirent à orner avec magnificence les halls d'entrée des multinationales, les sièges des banques et les bureaux de PDG. A l'envers, j'ai dit. Pas tout à fait. Parce que là, on trouve le commun dénominateur des années 60 : la confiance.

Ça marchait pour eux, ça marchait pour nous. Le pouvoir d'achat augmentait chaque année, avec la régularité irréversible des sédiments au fond de la mer. On pouvait tout se permettre. Même et surtout mai 68, venons-y enfin. La plage était sous les pavés, mais la solidité du franc était sous la plage. Les industriels, eux aussi, avaient le vent dans les voiles. Malgré les aléas de la compétition européenne, ils voulaient du chouette, de l'inox, du moderne. Puisque la modernité était pleine de promesses !

Tout s'est passé comme si les « masses », elles aussi, baignaient dans l'huile. La ressemblance entre le marché de l'auto et celui des vacances n'est pas fortuite. Cette fois encore, les wagons ont suivi les locomotives. *La Maison de Marie-Claire, Elle, L'Express* et le *Nouvel Observateur* ont digéré sans brûlures d'estomac la révolution du design. Le design est resté, il imprègne notre entourage, il a reconstruit les accessoires de notre vie. Mais on a cessé d'en faire une pendule. Et, ingrates, les locomotives ont décarré pour d'autres engouements. Il faut bien

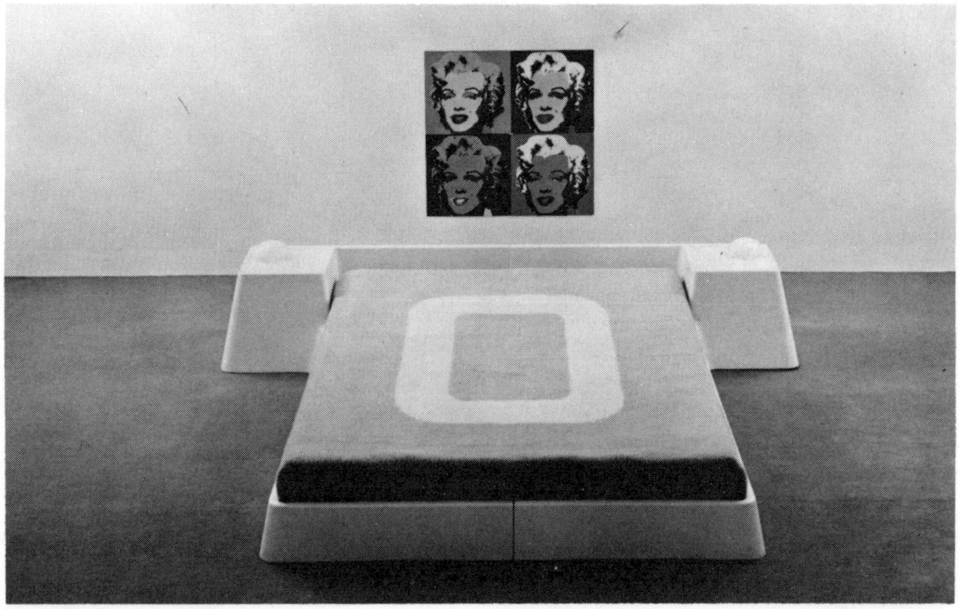

admettre que le contexte a un peu changé, et que la Grande Confiance frondeuse en a pris un sérieux coup dans l'aile.

Il y a toujours des embouteillages : mais l'auto est descendue de son piédestal, elle a perdu son auréole. Plus que la crise du pétrole, la banalisation l'a plumée. En vacances, les locomotives vont en Amérique, les trains de wagons s'entassent dans les campings méditerranéens et se télescopent avec des hurlements de rage. A la maison, on est revenu au « spontané-baroque », façon grand-mère, pour protester – révolutionnairement? – contre l'expansion qui nous poignarde dans le dos. Mais il y a des variantes. Comme les dames qui choisissent leur mode, chacun en fait à sa tête. Les modèles impératifs vacillent. Les jeux ne sont plus faits. Fini le train électrique et la poupée obligatoires. On n'est plus des mômes. Vive la crise, vive la liberté!

Sauf que, pour les journalistes fatigués qui s'évertuent à traquer les vérités de notre temps en regardant comment on se déguise, la vie est dure. Il faudrait trouver autre chose. Mais quoi?

Jean-Francis HELD est rédacteur en chef adjoint à l'*Express* après avoir dirigé pendant de nombreuses années la rubrique société du *Nouvel Observateur*. Il est l'auteur de nombreux ouvrages dont *Je roule pour vous* (Seuil).

B.B.

MARIE POGGI

Pour donner corps à mes souvenirs, il faut d'abord que je les rhabille. En tout ce que nous avons porté, à l'époque. L'air du temps a soulevé bien des habitudes. Il a soufflé à toute vitesse.

Ma mémoire est une garde-robe en fouillis. D'abord ranger ces souvenirs.

Et les formes, les odeurs rappellent bien d'autres choses. C'est en parlant chiffon que les femmes ont gagné aussi. Car dans ces chiffons, il y a des secrets, des histoires. J'en ai trois à vous raconter.

Trois à la première personne. « Elle » sera vous et moi. Mon modèle, comme nous en avions, vous et moi, du temps où nous recopiions sur nous-mêmes les imprimés des journaux de mode.

Pas n'importe quels journaux et pas n'importe quelle mode. La nôtre. Pour la première fois, les jeunes avaient la leur, laissant le « démodé » aux vieux... Ce ne fut pas un phénomène mineur.

Et mineures, nous ne l'étions plus déjà, malgré notre âge. N'est-ce pas, Betty...

Je vais l'appeler comme ça, « elle » qui a été vous et moi et que je vais identifier maintenant à nos passés composés. « Nos » aventures de Betty en trois parties. Les métamorphoses de Betty en trois périodes.

1. *1961*

Betty a quinze ans. Le lycée de filles ne côtoie pas le lycée de garçons, si bien que, pour se croiser, chaque fin d'après-midi après la classe, les unes et les autres longent le petit cours de la ville, qui fait 200 mètres, en plein centre. Dans d'autres villes, ce cours s'appelle la « Rue Royale » ou la rue de la République... Dans tous les cas, le point de rendez-vous est le grand café, au bout, avec sa large terrasse les jours de printemps, et devant lequel il s'agit de passer et repasser, soit pour être vu, soit pour se faire voir, ou pour les deux en même temps... Betty, comme ses

Une armoire dans un foyer de jeunes filles (Photo Niepce-Rapho).

copines, ne manque jamais de se refaire une dernière fois la bouche ou les yeux devant le grand miroir de la dernière entrée d'immeuble précédant ce lieu fatidique, ni de s'arranger les cheveux, avant de se lancer. Betty rêve de se lancer...

Il faut d'abord, pour cela, ressembler le plus possible aux filles des magazines. Sans pour autant marcher devant le grand café comme dans un défilé de mode. Apprendre à passer devant cette terrasse bondée du « Royal » ou de la « Taverne », voilà le plus important. Apprendre, par exemple, à marcher sans se presser...

Sans se laisser dépasser pour autant par la mode, justement, qui va très vite.

Elle y pense, ce jour-là. Betty, en se regardant devant le grand miroir de la dernière entrée d'immeuble. Elle pense, par exemple, qu'il y a seulement un an et demi, fin 59, elle en était encore à s'appliquer à imiter Brigitte Bardot, à la calquer. La jupe était large, en vichy rose et blanc. Le jupon de broderie anglaise dépassait toujours... La taille était serrée par une ceinture élastique blanche. On appelait ça une « taille de guêpe ». Elle n'aurait pas aimé, cela dit, que son premier petit copain l'appelât ainsi, « ma guêpe ». Toutes les filles s'appelaient plutôt « B.B. »...

Elle portait aussi, fin 1959, des ballerines rock à bord élastique et semelles fines de danseuses. Elle ne dansait pourtant pas encore, sinon un peu avec sa grande sœur en écoutant du boogie. Mais c'est fou ce que cette grande sœur a pu vieillir en un an. Elle fait maintenant « vieux jeu »... Elle, depuis, se sent de mieux en mieux dans sa peau. Et en ce printemps 1961, devant cette grande glace avant le grand café, elle se sourit à elle-même. Bien elle. Elle n'a pas trop changé, tout de même. Elle est toujours blonde, les cheveux teints à l'eau oxygénée, cheveux mi-longs crêpés sur le dessus. Mais elle a délaissé la jupe large pour

LE CERCLE
VICIEUX

une jupe plus droite, et elle porte un twin-set comme tout le monde...

Comme tout le monde? Il est vrai que Betty et ses copines feuillettent les mêmes magazines de mode... Tout en espérant être « à la page » sans ressembler aux autres...

Ce jour-là, donc, de ce printemps 1961, à peine sortie de cette montée d'immeuble pour se donner un dernier coup de peigne, Betty tombe justement sur deux de ses copines de lycée qui s'apprêtent elles aussi à affronter le grand café. Elles tombent bien, c'est le cas de le dire, parce que tout le problème est d'éviter de « passer » toute seule. Rien de plus redoutable, en effet, que d'avoir l'air d'afficher une éventuelle solitude. Il faut à tout prix donner l'impression d'appartenir à une bande. Et puis, parler, ça donne une contenance...

Les deux copines paraissent très excitées et se jettent au cou de Betty sans lui laisser le temps de rien faire. « Betty! Betty! On est invitées dimanche à l'anniversaire d'une amie. Tu viendras? » Betty n'hésite pas. Elle sait bien qu'elle ira. Elle demande simplement : « On dansera? »

Elle passe la matinée du fameux dimanche à se préparer. Mise en plis, rouleaux. Quelle tête! Elle sort son premier soutien-gorge à balconnet, qui lui fait penser à cette publicité pour les soutiens-gorge « Rosy » où juste une rose au creux d'un bras cache ce sein qu'on ne saurait voir... Tout ça pour dire que les « Rosy » sont invisibles, discrets... Tout ça? Rien. Une rose, un corps nu. Et une bouche qui fait la moue. B. B...

Betty enfile une jupe écossaise, une chemise à jabot. Elle prend avec elle son cardigan. Elle met des bas aussi, ce qui est assez nouveau pour elle. Surtout le porte-jarretelles. Et cet intérêt soudain à sa lingerie la trouble légèrement. Elle est un peu nouée. Elle appréhende un peu cet après-midi dansant en même temps que ça l'attire. Elle a un peu le trac. Osera-t-elle danser? Elle a remplacé les ballerines par des

L'indispensable « choucroute »
(Photo Tikhomiroff-Magnum).

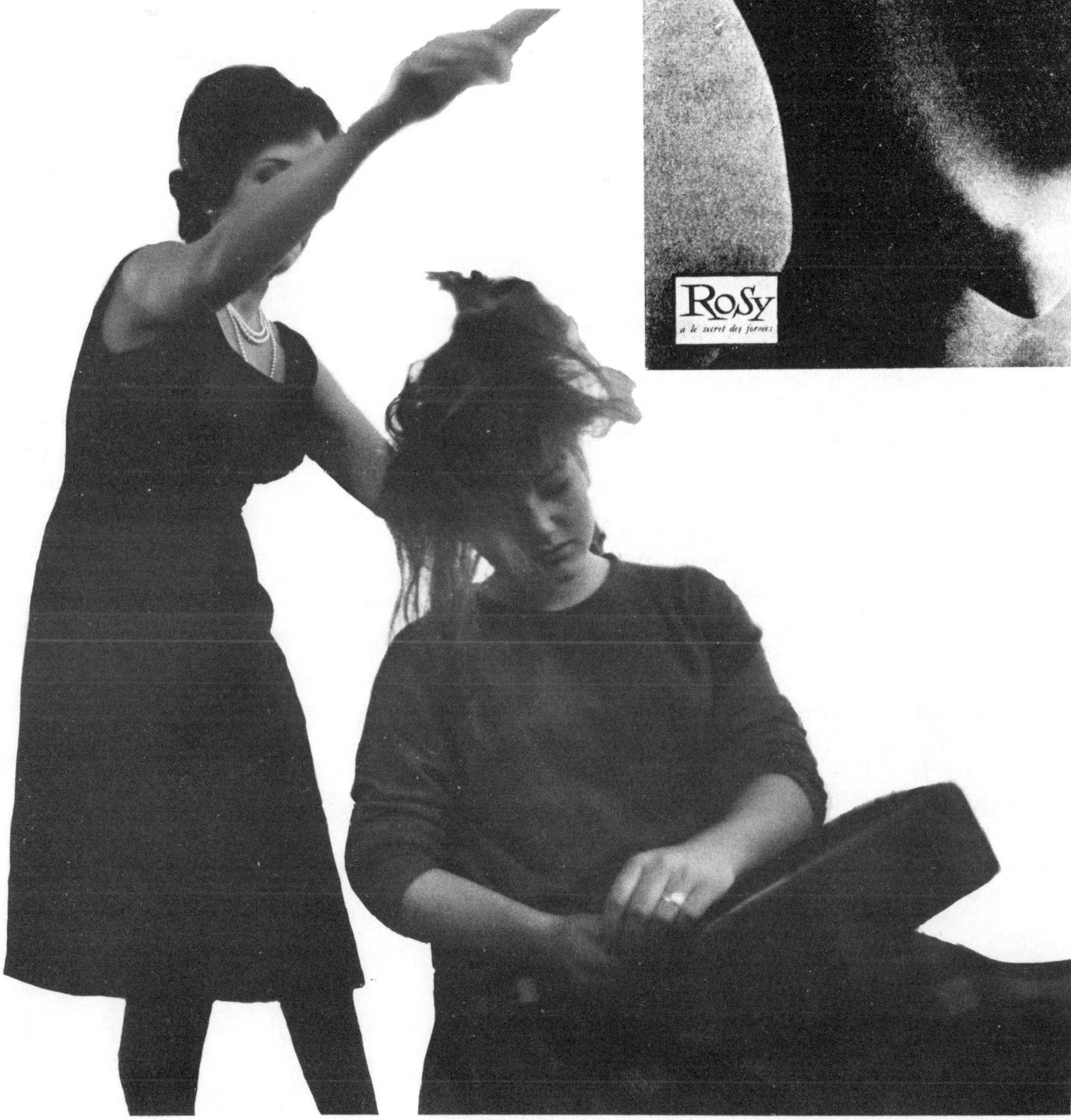

escarpins pointus. C'est moins pratique, pour le rock. Mais enfin...

Elle se fait un chignon banane et un maquillage léger. Un trait d'eye-liner. Puis se glisse une goutte d'« Air du temps » derrière l'oreille. Elle adore ce parfum de Nina Ricci. Surtout la forme du flacon, qui évoque une goutte précisément, et la forme du bouchon, celle d'un oiseau...

S'envoler vers sa première surprise-partie...

Rendez-vous à 3 heures. Il fait beau mais les volets sont assez vite fermés. L'obscurité ne tarde pas à envahir les canapés. Betty se laisse inviter plusieurs fois par le même garçon dont elle n'est pas vraiment sûre du visage mais qui la serre bien, qui la « pelote » discrètement, doucement. S'il pouvait ressembler à Anthony Perkins, si fragile sur cette double page arrachée à *Jeunesse Cinéma* et épinglée au mur de sa chambre, ce serait le paradis... Mais peut-on en demander tant la première fois? Elle jette un rapide coup d'œil vers les deux amies qui l'avaient informée de cette « boum »; elles ont l'air de bien en profiter aussi...

Betty se laisse emmener à son tour vers un coin de canapé libre. Son « flirt » se fait plus insistant. Il avance même une main plus ou moins assurée vers l'un de ses genoux. Elle l'arrête lorsque cette main remonte trop vite vers le porte-jarretelles. Pas question encore de contact avec la peau nue. Cela lui ferait légèrement peur...

– Qu'est-ce qu'il y a?, demande-t-il, jouant l'étonné.

– Rien, il faut que je rentre...

Il lui donne tout de même rendez-vous pour le lendemain. Sur le cours...

2. 1963

Betty a 17 ans et le temps a passé à toute vitesse, comme à son habi-

Brigitte Bardot et Anthony Perkins dans « Une ravissante idiote » (Coll. Cahiers du cinéma).

B.B.

tude. Plus vite, même, qu'à son habitude, en ce début des années 60 où l'évolution des choses va bon train. Dans *Marie-Claire,* a été publié un reportage sur la naissance d'un enfant. Pour la première fois, le mystère de la naissance a été photographié. Une autre approche de ce mystère est enfin proposée, moins vague que les réponses gênées des mères aux « questions ».

Cela fait bien maintenant deux ans que Betty et ses copines « en parlent » entre elles, chacune contribuant petit à petit à découvrir une partie de ce mystère. Et la parution du livre de Laurence Pernoud, *« J'attends un enfant »,* confirme cette évolution générale.

B. B. elle-même vit au naturel en accord avec la mer, érotique au soleil...

Betty, elle, découvre déjà l'après-Bardot au cinéma. Elle a vu *Les liaisons dangereuses* de Vadim. Elle aurait bien aimé voir aussi *Les Régates de San Francisco,* histoire de la passion de deux jeunes face à la brutalité des parents mais c'est le premier film interdit aux moins de 18 ans... Tout comme le sera *Les bonnes femmes* de Chabrol. La nouvelle vague interdite à la nouvelle vague... Un comble.

Pourtant, Betty les sent bien, ces films où la durée de l'action, très ramassée, correspond aux nouveaux rythmes de la vie telle qu'elle a envie de la vivre. C'est « vraiment ça ».

Et elle n'a pas manqué non plus *Cléo de 5 à 7* . Enfin des films qui parlent de la vie des femmes, d'une certaine liberté féminine! De 5 à 7, on peut en faire des choses... Même aimer deux hommes en même temps, comme Jeanne Moreau dans *Jules et Jim,* qu'elle n'a pas encore vu.

Aimer librement... Catherine Deneuve attend un enfant de Vadim mais ne veut pas se marier. Pendant que les hôtesses de l'air obtiennent le droit de se marier et d'avoir des enfants...

« Les tricheurs » (Coll. Cahiers du cinéma).
On noue son foulard « sur » le menton (Photo Niepce-Rapho).
B. B. (Photo E. Kagan).

Bref, ça bouge, et de *Marie-Claire* à *Jules et Jim* en passant par *Elle* et Laurence Pernoud, une petite révolution des mœurs est en train de saisir la jeunesse de Betty. Saisir la jeunesse... *Elle* s'interroge, d'ailleurs, et lance une grande enquête : *Que veulent-elles, ces jeunes filles qui nous intriguent.* Par milliers, des lectrices de 14 à 25 ans répondent...

Betty a 17 ans. L'âge du premier bac. Pourtant, elle ne fiche pas grand-chose. D'un café à l'autre – celui du cours n'est plus assez intime – elle passe surtout son temps à des rencontres (garçons ou filles) autour d'un chocolat chaud. A discuter, à échanger des 45 tours et des livres de poche. Elle aime ça.

Elle consacre aussi beaucoup de ses jeudis à des après-midi loin de la ville, avec ses copines et leurs petits amis respectifs. Départ à six ou huit en Floride ou en NSU (en cas de fils à papa), ou en Dauphine et P 60 (ce qui est toujours ça...). Là, Betty découvre la tendresse. Les flirts sont plus longs, plus sérieux. Les premières caresses à sens unique sont loin... Les élans sont plus mutuels...

Et d'élan en élan, en y prenant très garde, elle apprend le corps de l'homme avant même d'avoir tout appris du sien. Cela ne lui laisse aucun souvenir fantastique sur le coup, mais elle ne se plaint pas : elle est au moins tombée sur un type gentil, pas trop brutal, ce qui n'arrive pas à toutes...

Elle en a discuté, ensuite, avec ses amies sûres. L'une d'elles a prononcé le terme de Méthode Ogino. Pas très poétique... Betty a préféré aller acheter un petit flacon de « Vetiver » de Carven, parfum de cet « homme » qui vient de laisser, un peu plus que les autres, une trace en elle...

Trace de « Vetiver » dans ses cheveux encore.

Elle a donc acheté ce parfum d'homme pour « le » garder pendant la semaine, avant de « le » revoir le jeudi suivant...

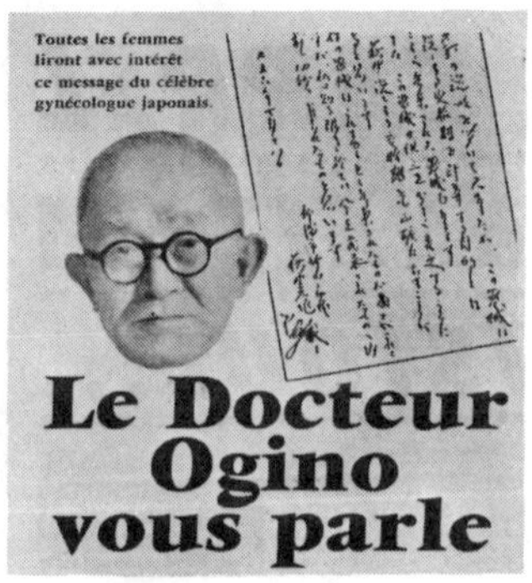

Laurent Terzieff et Pascale Petit dans « Les tricheurs » (Coll. Cahiers du cinéma).

Et, c'est lui, qui l'accompagnera au bal du bac, lequel bac a été finalement obtenu de justesse...

Premier bal. Ses parents étaient réticents, mais comment s'opposer à une sortie qui vient marquer d'une nuit blanche la réussite à un examen? De toute façon, elle aurait fait le mur par la fenêtre, Betty. Qu'est-ce qu'elle raconte? Elle habite au second... Elle veut dire qu'elle y serait allée tout de même, sur la pointe des pieds, talons aiguille à la main...

Ce soir-là, elle met une petite robe noire (malgré l'avis, encore, de ses parents : *« toute en noir, tu es morbide, ma fille! »*) et un collier de perles. Son fond de teint est épais. Elle est toujours blonde, et ses cheveux remontent toujours en choucroute (coiffure dont l'art est maintenant expliqué en haut et large dans *Marie-Claire*). Certaines de ses amies brunes ont choisi désormais la coiffure plate, avec une mèche derrière l'oreille...

Elle se fait des yeux de biche, son petit mascara en pain à la main, dans lequel elle crache légèrement pour qu'il soit humide, et une petite brosse dans l'autre, qu'elle se passe sur les cils. Son rouge à lèvres est mandarine. Elle a de la classe... le soir même où elle quitte ses classes. L'année prochaine, elle fera philo.

Elle dansera jusqu'à minuit puis elle et lui s'accorderont une heure de « tête à tête » avant qu'il la raccompagne. Une merveilleuse soirée.

Quelques jours plus tard, elle ira regarder avec inquiétude les photos prises ce soir-là et exposées sur le cours (toujours le cours...). Elle guettera la photo compromettante au cas où les parents passeraient...

Parents qui, de toute façon, n'auraient rien dit, se seraient contentés de faire détruire en silence le cliché en question, sans oser pour autant ouvrir encore le dialogue. Peur de la confrontation. « Plutôt ne pas savoir. »

Ils font la mode :
Dorothée Bis (Photo Niepce-Rapho).
Marie-Hélène Arnaud, mannequin vedette chez Chanel (Photo Dambier-Magnum).
Yves Saint-Laurent (Photo Riboud-Magnum).

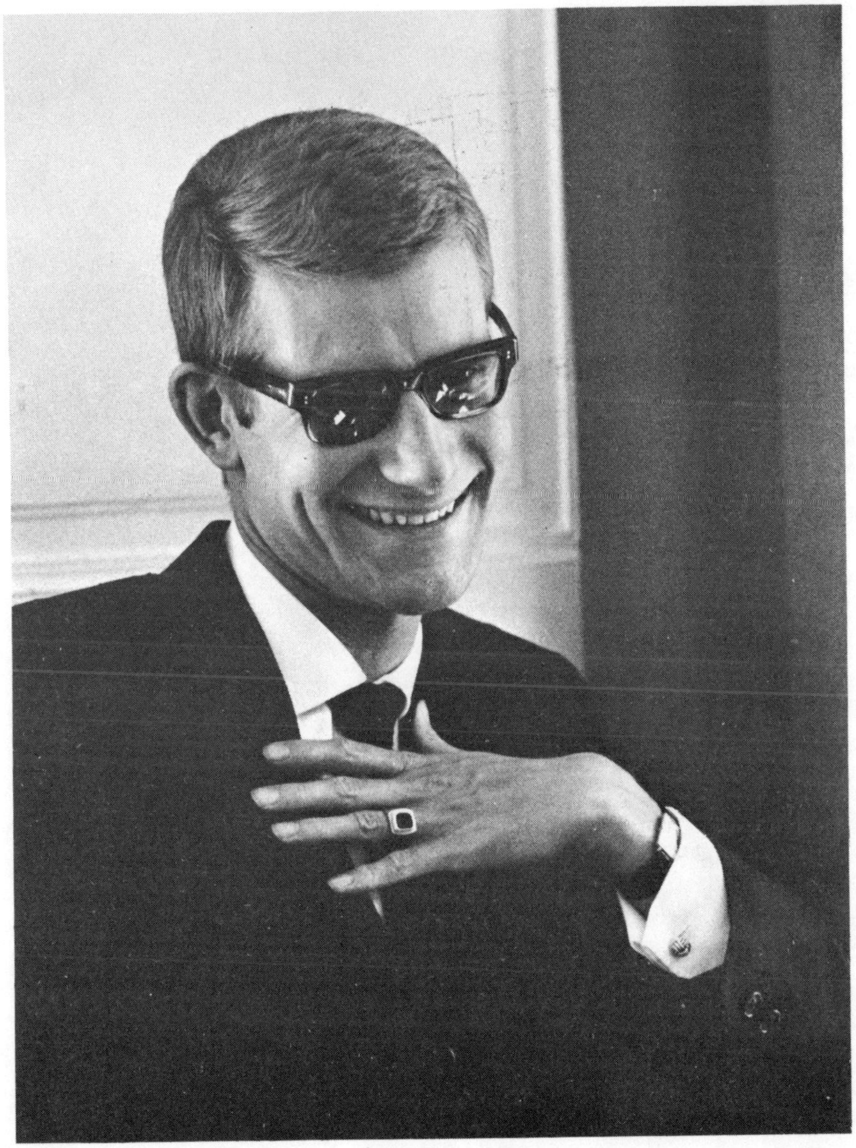

B.B.

Quoi ?
(A suivre.)

3. 1965

Betty a presque vingt ans. Elle sort toujours autant, mais autrement. Plus indépendante encore, sachant de plus en plus ce qu'elle fait, connaissant de mieux en mieux les garçons, et de moins en moins n'importe lesquels.

Bref, elle a grandi. Pendant que la mode, elle, a raccourci. Le mini-shetland, la minijupe et la mini-voiture sont au goût du jour. Et à son goût, à elle, Betty.

Elle porte en effet un shetland très court, avec empiècement jacquard, et sa taille semble flotter dans l'air, quand elle marche. Elle aime rouler dans la mini-Austin de sa cousine, sous l'œil étonné (excité ? jaloux) des hommes de quarante ans. Et sa minijupe est signée Mary Quant, comme il se doit. Elle lui pose un problème, toutefois, cette minijupe. A elle comme aux autres. Un petit problème avec le porte-jarretelles, quand elle veut ramasser quelque chose. Elle a vaguement entendu parler de collants...

Mais voilà l'été 65 et elle pense plutôt à se teindre les jambes au Tan'o'tan. Bronzage artificiel mais efficace... Elle sort avec deux types à la fois, parce que deux slows se partagent l'antenne des hit-parades, l'un chanté par Christophe *(Aline),* l'autre par Hervé Vilard *(Capri),* mais elle fait deux fois plus attention. Elle a vaguement entendu parler aussi de la pilule...

Ce sont surtout les hommes qui en causent... Les hommes politiques, quelques mois avant l'élection présidentielle de décembre. Ils ont compris que les femmes et la politique sont en train de se mettre en ménage et qu'il faut faire quelque chose... Pas trop tôt. *L'Express*

Les vacances à la mer (Photo Cartier-Bresson-Magnum).

Saint-Tropez sur les pas de B.B.
(Photo Ervitt-Magnum).

fait même sa couverture : *Les femmes et la politique.* Et la pilule est un petit débat qui devient grand...

Elle aussi, donc, a grandi. Elle s'installe, à la rentrée, dans un flirt plus durable, avec un seul homme, cette fois, dont elle parle à peine, qu'elle « garde » pour elle. Les aventures trop brèves ont fini par la déprimer, par la faire souffrir. Des sentiments nouveaux la cernent : la jalousie, la ruse, le jeu...

Elle-même s'habille différemment. Elle a fait ses débuts en couture pour copier les formes géométriques de Courrèges, dont le dépouillement est un vertige de séduction. Rectangle marine (en tergal) raccordé à un rectangle blanc. Robe à taille basse, sans manches. Elle a acheté des bottes blanches, bien sûr. Elle sent que cet ensemble la rend différemment désirable.

En même temps, elle a bien vu qu'Yves Saint-Laurent s'inspire de tableaux modernes comme ceux de Mondrian. Le Y de Yves fait également un signe à cette géométrie nouvelle.

La femme moderne est vraiment née.

Betty rêve maintenant d'une chambre toute blanche, de murs blancs comme dans ce film de Godard qu'elle a vu l'an dernier. *Une femme mariée*... Décidément, c'est beau, le blanc.

Elle repeint donc sa chambre, et ses parents la comprennent encore moins. Elle n'est pourtant plus une gamine...

Si elle prenait un studio?

Marie Poggi est enseignante.

FLIRT

LES PLATTERS. PAUL ANKA. JACK SCOTT. BRENDA LEE. NEIL SEDAKA. FATS DOMINO. RAY CHARLES. CAMILLO. JOHNNY HALLYDAY. RICHARD ANTHONY. LES CHAUSSETTES NOIRES. LES CHATS SAUVAGES. FRANK ALAMO. ADAMO. SYLVIE VARTAN. FRANÇOISE HARDY.

Tous mes copains
Quand je les vois passer
Tous mes copains
Sont à moi
Tous mes copains
Je les ai embrassés
Tous mes copains
M'aiment bien...

(Photo Cartier-Bresson-Magnum.)

I found my freedom
On ***Blueberry Hill***
On Blueberry Hill
When I found you...

Pas cette chanson!
Pas cette chanson!!
Pas cette chanson!!!
Non non non non non non non non!
Ne joue pas cet air-là
Qui me rappelle autrefois
Oublie-le s'il le faut
Ne touche pas à ce piano...

I'm sorry
So sorry
That I was such a fool
I didn't know
Love could be so cruel
You tell me
Mistake
Upon me and you
But I don't like
The wrong that's been done
I'm sorry, so sorry...

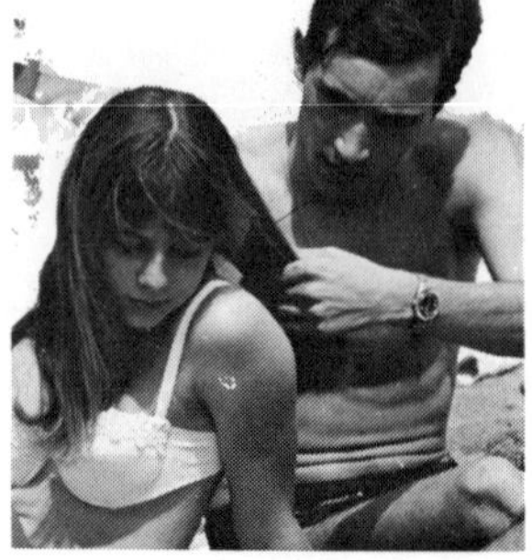

(Coll. part.)

You are my destiny
You are what you are to me
You are my happiness
That's what you are...

Retiens la nuit
Pour nous deux jusqu'à la fin du monde
Retiens la nuit
Pour nos cœurs dans sa course vagabonde
Serre-moi fort
Contre ton corps
Il faut qu'à l'heure des folies
Le grand amour
Raye le jour
Et nous fasse oublier la vie.
Retiens la nuit
Avec toi elle me paraît si belle
Retiens la nuit
Mon amour qu'elle devienne éternelle
Pour le bonheur
De nos deux cœurs
Arrête le temps et les heures
Je t'en supplie
A l'infini
Retiens la nuit...

Lady!
Oh Lady!
Que de rêves j'ai faits
Oh Lady!
Parce qu'un jour
Je vous ai vue
Passer dans ma rue...

Oh Carol!
I am but a fool
Darling I love you
Throught you treat me cruel
You hurt me
And you make me cry
But if you leave me
I will surely die...

Oh! **Daniela**
La vie n'est qu'un jeu pour toi
Oh! Daniela
Pourtant ne crois pas
Que tu peux
Oh! Daniela
Jouer avec l'amour
Sans risquer de te brûler un jour...

Vous permettez, monsieur,
Que j'emprunte votre fille?
Et même s'il me sourit
Je sens bien qu'il se méfie...
Vous permettez, monsieur?
Nous promettons d'être sages
Comme vous l'étiez à notre âge
Juste avant le mariage...

I pray
To the Lord
To send me
A love
He sent me
An angel
From heaven
Above
The stars
In the sky
He placed
In her eyes
She is
My true love...

(Coll. part.)

Ce soir je serai **la plus belle**
Pour aller danser
Danser...
Pour mieux évincer toutes celles
Que tu as aimées
Aimées...

Only you
Can that make all this world seem right
Only you
Can that make the darkness bright
Only you and you alone
Can bring me like you do
And to fill my heart with love
For only you...

Biche oh ma biche!
Lorsque tu soulignes
Au crayon noir tes jolis yeux
Biche oh ma biche!
Moi je m'imagine
Que ce sont des papillons bleus...

Nachts
Gehe ich dahin
Ich bin allein
Und frage warum
Die tage gehen
Mir nicht sind
Und ich frage mich
Warum!

J'ai pensé qu'il valait mieux
Nous quitter sans un adieu
Je n'aurais pas eu le cœur
De te revoir
Mais j'entends siffler le train
Mais j'entends siffler le train...

Georgia...

I'm so young
And you're so old
This my darling I've been told
I don't care just what they say
Cos' forever I will pray
You and I will be as free
As the birds are in the trees
Oh please stay by me
Diana...

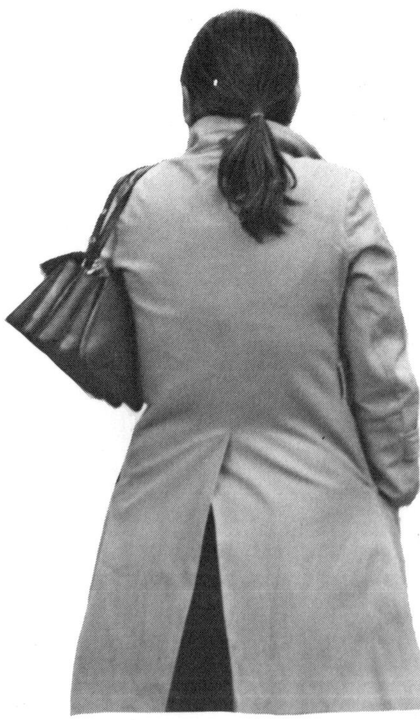

(Photo Cartier-Bresson-Magnum)

Tous les garçons et les filles de mon âge
Se promènent dans la rue deux par deux
Tous les garçons et les filles de mon âge
Savent bien ce que c'est qu'être heureux
Oui mais moi
Je suis seule
Dans la rue
L'âme en peine
Oui mais moi
Je suis seule
Car personne ne m'aime...

salut les copains

MAURICE ACHARD

Alors, de TSF on est passé à trois autres lettres, SLC, l'air de rien mais avec d'autres airs dans la tête.

Et, petit à petit, le poste de radio familial n'a plus fait partie des meubles. Il a dû se pousser, pour laisser toute la place à un nouvel objet, pourtant minuscule à côté de lui : le transistor. La TSF s'est tue, dans son coin, après avoir vainement essayé de se mettre dans le coup et de diffuser, à contrecœur et à cris, les nouveaux rythmes à la mode. Mais comment se refaire une jeunesse face à des émissions comme *Salut les copains* justement – SLC –, dont les drôles de disques venus d'ailleurs faisaient sauter les plombs? Et comment tenir tête, une fois les plombs sautés, au transistor dont l'originalité fondamentale était déjà de fonctionner sur piles et, donc, de pouvoir être utilisé n'importe où?

La TSF est morte d'immobilité et a rendu l'âme faute d'armes, devant cet appareil qu'elle aurait pu écraser de son poids mais dont l'atout majeur était d'avoir lâché « prise » et d'être « branché » partout sur les programmes d'une nouvelle génération.

Une génération qui venait d'échapper à toutes les guerres – y compris, in extremis, celle d'Algérie –, une génération née après la Libération, entre 1945 et 1948, et dont le premier cri (de guerre?) allait être : yé yé! Balbutiement dérisoire, peut-être, balbutiement d'enfant gâté, mais qui prenait racine en quelque chose de beaucoup plus sérieux : le rock'n roll.

Le transistor est arrivé en même temps que le rock'n roll, et même s'il a servi à bien d'autres « causes », même s'il a révolutionné bien des formes de communication et d'information (à Alger, le 23 avril 1961, alors que le pouvoir était entre les mains des généraux rebelles, c'est autour du transistor que les soldats du contingent ont suivi l'évolution de la situation; sur les plages, l'été, c'est autour de lui, vers la même

Le 23 avril 1961, les soldats du contingent suivent l'évolution de la situation sur leur poste à transistor (Photo Keystone).
Un groupe de jeunes sur la plage écoutant « S.L.C. »... (Photo Niepce-Rapho).

époque, que les vacanciers se sont mis à suivre enfin, sans attendre le soir, l'arrivée de l'étape du Tour de France), bref, si le transistor a permis au journalisme radiophonique de faire des miracles, son « boum » sur le marché doit être surtout associé à cette musique « moderne » débarquant au même moment sur la France, et que cette radio de poche permettait d'écouter dans « sa » chambre, loin de la TSF de papa, loin des parents qui s'arrachaient les cheveux (faute de pouvoir arracher ceux de leurs enfants, pas encore longs...).

Rapidement, l'émission *Salut les copains,* sur Europe 1, en a été la manifestation spectaculaire. En attendant de se transformer en véritable manifestation de rue, un certain soir, Place de la Nation, à Paris, quelques années plus tard...

Car c'est très tôt, en effet, que l'émission de Daniel Filipacchi a commencé à brouiller les oreilles habituées aux tangos et aux accordéons, à Gloria Lasso et à Marino Marini. Dès 1959, « SLC » diffuse des gens remuants comme Gilbert Bécaud qui joue du piano avec ses pieds – le titre même de l'émission est d'ailleurs inspiré de l'une de ses chansons – et passe des musiques qui traînent une nonchalance nouvelle, comme cet harmonica du film *Touchez pas au grisbi.*

Pendant ce temps, dans les juke-boxes des cafés, on commence à entendre des choses comme *Only you* des Platters, premier grand slow-rock, hymne futur à tous les slows, premier grand frisson sur la peau et dans le cœur. Trois accords, cinq voix noires, et le 45 tours est joué. Pour une pièce de vingt (anciens) francs dans l'appareil...

Cette machine à sous (et à sons), objet encore mal identifié, venant d'une planète encore lointaine – l'Amérique –, cette machine est l'autre façon, avec « SLC », d'entendre et réentendre ses airs préférés. Le microsillon est né – Marie-José Neuville chante *Une guitare, une vie* et Sacha Distel *Scoubidou* – mais le tourne-disques n'a pas encore vrai-

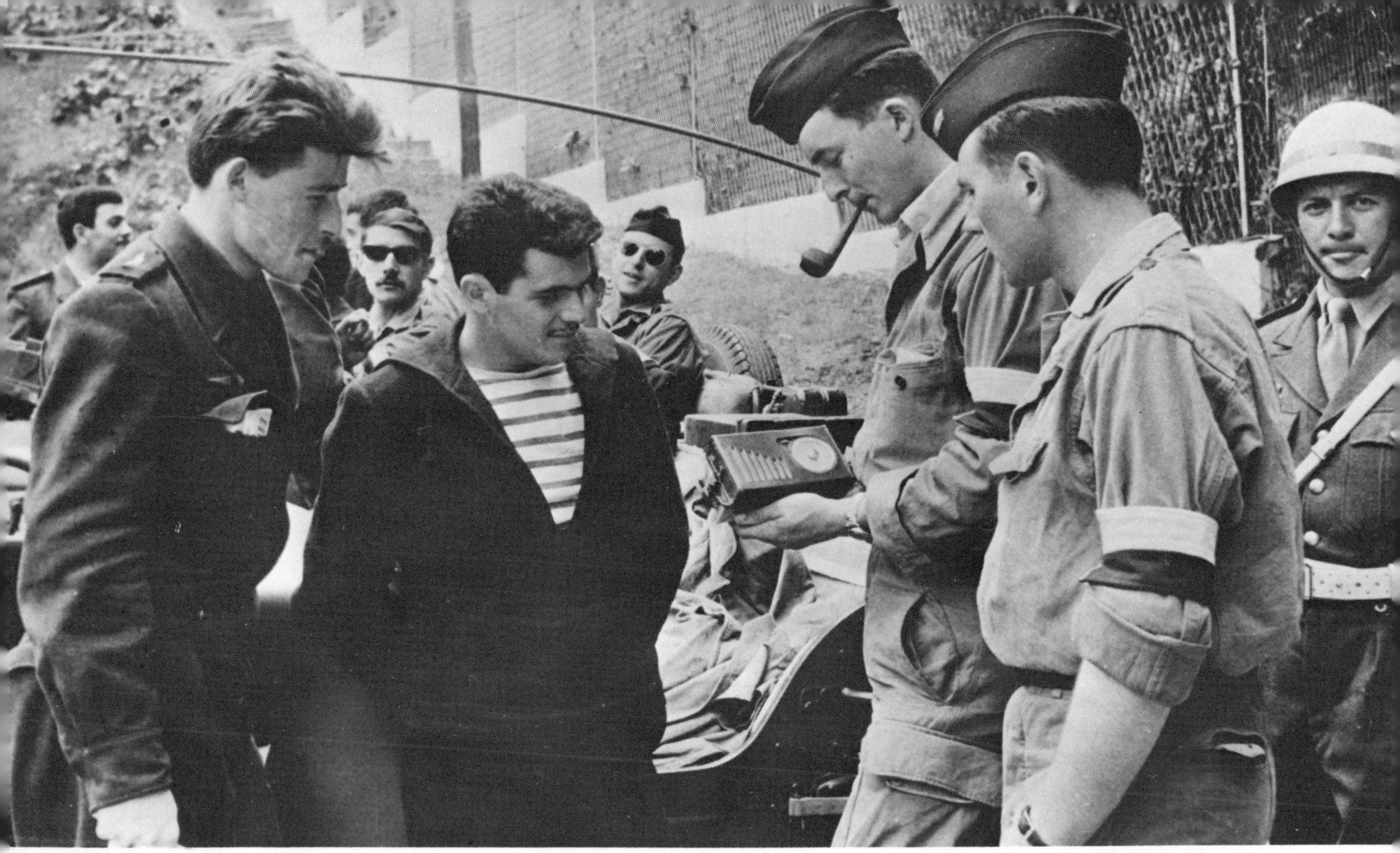

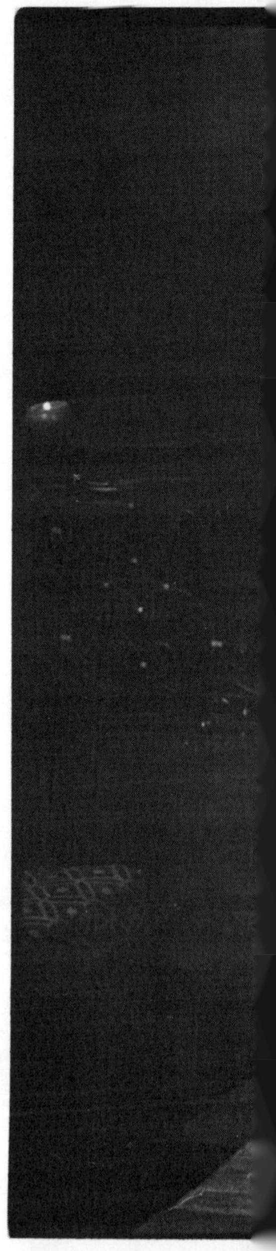

Les Chaussettes Noires avec Eddy Mitchell en novembre 1961 (Photo R. A.-Gamma).

ment fait son entrée dans tous les appartements. Même si tout va aller très vite, il faut y aller doucement.

Et doucement, dans les cours des lycées, aux abords des classes de quatrième-troisième, de petits groupes se forment, à l'heure de la récréation, autour des mêmes chansons repérées à la radio ou dans les cafés. Les plus privilégiés ont maintenant un « Teppaz » dans leur chambre et invitent les copains – salut! – à venir goûter, le jeudi après-midi, du Paul Anka. Le « Teppaz » est ce petit électrophone vert, portable comme une valise, et qui va bientôt être bringuebalé de boum en surboum. On ne se prête pas encore volontiers ses premiers et rares disques mais on parle déjà entre « jeunes », entre « teenagers » plus exactement, pour reprendre une expression qui va être à la mode, qui sonne mieux, qui correspond mieux aux origines directes de cette musique. Bref, en quelques titres fredonnés des complicités se nouent. On vibre sur quelque chose qui s'annonce comme des lendemains qui chantent. Et la voix de de Gaulle, à laquelle sont suspendus les parents, semble venir d'hier. « Autodétermination », dit-il? La génération rock aussi commence à s'autodéterminer en France...

Bien sûr, on parle encore beaucoup des Américains. Le nom d'Elvis Presley a fait irruption, dans la foulée des « graines de violence » semées sur les antennes, mais l'explosion française ne va pas tarder. D'ailleurs, *Graine de violence* n'est-il pas déjà « l'adaptation » d'un titre rock américain. Le film s'appelait, en fait, *Rock around the clock,* avec une musique de Bill Haley. C'est d'ailleurs par ce 45 tours-là – *Graine de violence* de Bill Haley – que le rock est véritablement arrivé en France. Premier 45 tours en vente partout. Sorte de 45 tours-manifeste, de 45 tours-mot d'ordre. *One! Two! Three!,* etc. Qui ne s'en souvient pas?

Autrement dit : « Un! Deux! Trois! » Pourquoi pas?

Cette fois, c'est vraiment parti...

SLC

Mais le rock français ne va pas pour autant se débarrasser comme ça de ces influences américaines. Et cette façon, « sa » façon, de vouloir voler de ses propres ailes sans vraiment s'éloigner des « pionniers » va donner des mélanges franglo-américains assez détonants... Henri Salvador jouera même sur les mots et se fera appeler, sur la pochette, Henri Cording (le mot « recording » veut dire enregistrement en anglais), quand il sortira, pour rire, « son » disque rock. Quant à nos premières idoles hexagonales, elles vont prendre carrément, et très sérieusement, des pseudonymes à l'américaine : Johnny Hallyday, Eddy Mitchell, Dick Rivers (ce dernier en hommage à l'un des personnages incarnés par Presley dans ses nombreux films). Johnny va même s'inventer, à ses débuts, une biographie très US...

Johnny... Il vient surtout du Golf Drouot, à Paris, véritable tremplin du rock, ancien golf miniature des grands boulevards transformé par Henri Leproux en club « réservé aux jeunes »... C'est là qu'il gratte ses premières chansons sur sa guitare « classique ». C'est de là qu'il se lance à l'assaut des maisons de disques.

Affaire conclue chez Vogue. Johnny sort son premier 45 tours le 14 mars 1960, avec *T'aimer follement,* et *Laisse les filles* qu'il va chanter à la télévision, dans *L'École des vedettes,* parrainé par Line Renaud... Le fameux *Souvenirs souvenirs* ne viendra que sur le disque suivant, mais d'ores et déjà le rock français a vraiment frappé.

Et le show-buiseness se précipite alors sur le Golf Drouot. Derrière Johnny, bien d'autres vont signer à leur tour des contrats endiablés...

C'est le cas, par exemple, d'un dénommé Claude Moine. Garçon de courses au « Crédit Lyonnais », la banque juste en face, il est toujours fourré au Golf. Il va, avec quatre musiciens rencontrés l'été 60 à Royan, former un groupe qui s'appellera d'abord « Les Daners » (Claude Moine

Au Golf Drouot en 1963 (Photo R. A.-Gamma).

se rebaptisant Eddy Dane) puis les « Five Rock », avant de devenir les « Chaussettes Noires » (Claude Moine se rebaptisant, cette fois, Eddy Mitchell). Là aussi, on le voit, la sonorité américaine préside d'abord au choix des noms. Et c'est seulement parce que la maison Barclay, chez qui le groupe est engagé fin 60, décide d'appeler nos cinq garçons « Les Chaussettes Noires » (suite à un accord promotionnel avec les chaussettes... Stemm) qu'une première infidélité est ainsi commise à l'égard de la langue-partie du rock'n roll, à l'égard des grands parrains d'outre-atlantique.

Sur le premier 45 tours de nos « Chaussettes », il y a toutefois une version française de *Be Bop a Lula* qui va faire découvrir à des milliers de jeunes d'ici ce fameux morceau créé quelques années plus tôt par Gene Vincent, l'idole d'Eddy. Le choc est grand. Sur le même 45 tours, il y a un autre titre qui marche très fort, intitulé *Tu parles trop,* d'après une traduction – assez fidèle, cette fois – d'un succès américain du moment, *You talk too much.*

Et *Tu parles trop* va être, en quelque sorte, le premier vrai « tube » rock français. Tout le monde l'enregistre. Aussi bien Johnny Hallyday que Richard Anthony, autre pionnier parisien qui a fait beaucoup pour l'intégration du rock en France, chantant à la fois dans notre langue sur la face A et en américain sur la face B, notamment sur ce disque où il vante les mérites de la « Nouvelle vague », pour reprendre une expression inventée quelques mois auparavant par Françoise Giroud dans *l'Express,* à propos de cette nouvelle jeunesse bien bruyante... Mais cette phrase est trop longue : we talk too much...

Avec *Tu parles trop,* premier tube, donc, et « Les Chaussettes Noires », premier groupe, une véritable fièvre du rock prend cette nouvelle vague. *Salut les copains* est maintenant une émission-clé, quotidienne, qui commence à 17 h, qui ne dure pas encore deux heures mais ça ne va pas

Toutes les filles veulent ressembler à Sylvie (Coll. privée).
Sylvie Vartan (Photo Disco Revue).
Surboum (Photo Rapho).

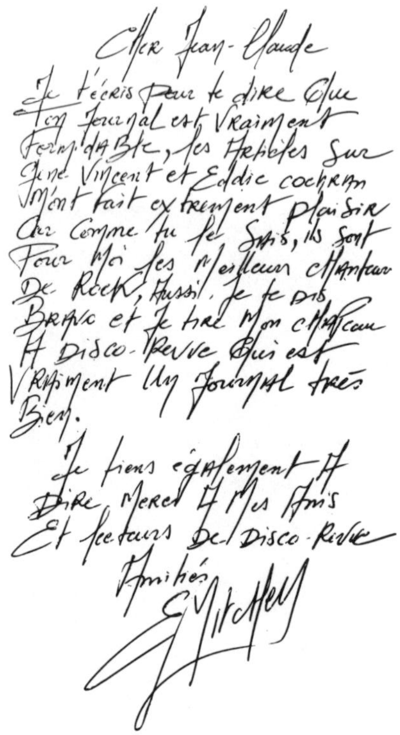
Cher Jean-Claude
Je t'écris pour te dire que ton journal est vraiment formidable, les articles sur Gene Vincent et Eddie Cochran m'ont fait extrêmement plaisir car comme tu le sais, ils sont pour moi les meilleurs chanteurs de rock, aussi, je te dis bravo et je tire mon chapeau à Disco-Revue qui est vraiment un journal très bien.
Je tiens également à dire merci à mes amis et lecteurs de Disco-Revue
Amitiés
E. Mitchell

tarder, vers laquelle on se précipite, chacun chez soi, après la classe, sans se faire surprendre par les parents, tu as fait ton travail, éteins-moi ça, ou autour de laquelle on se donne rendez-vous, sans se connaître, sur les plages. Bande de jeunes allongés en étoile de mer sur le sable autour d'un transistor ensoleillé. Écoutez ça! *Eddie réveille-toi, tu dors depuis des heures!*

Et ça se réveille de tous les côtés : la formation d'orchestres de rock devient un phénomène général à toutes les villes de France. « Les Chaussettes Noires » sont de véritables modèles. On détaille leurs pochettes de disques, on les imite partout, avec leurs polos noirs et leurs pantalons gris, avec leurs guitares extra-plates surtout, et leur caisse claire. On s'achète des instruments et du matériel avant même de savoir jouer, guitares « Ohio » et amplis « Garen » livrets de « Caisse d'Épargne » pillés. On répète dans les salles à manger ou les garages de papa-maman. *Eddie réveille-toi, tu dors depuis des heures...*

Une seule photo des « Chaussettes Noires » évoque encore aujourd'hui, comme en un flash (back), une certaine vision des années 60. Rien qu'une photo des « Chaussettes » résume toute une nostalgie... D'une époque où l'on s'électrisait à plaisir de vibrations d'insouciance. Regardez-les, là, au Saint-Hilaire. Eddy, William, Tony, Aldo. On se souvient encore de leurs prénoms. Ne restera qu'Eddy. Que sont devenus les autres? Se sont-ils remis d'un tel succès-éclair?

Partout où ils passent, en effet, les « Chaussettes Noires » font ville comble... Ils laissent des traces. A Paris, chaque maison de disques a désormais « son » groupe, qu'il s'appelle « Les Chats Sauvages » (avec Dick Rivers), les « Pirates », les « Vautours » ou « Les Champions »... On sait tout sur eux : par exemple que le chanteur des « Vautours » est le frère de Tony, le guitariste-rythmique des « Chaussettes ». On est en famille. Et en province, loin de ces maisons de disques, on joue dans

Elvis Presley (Coll. Disco Revue).
Un groupe de jeunes (Photo Buigné-Rapho).
Les Beatles (Coll. Cahiers du cinéma).
Même les filles sont rock (Coll. Disco Revue).

La Slavia
BIÈRE DES GOURMETS
A LA PRESSION

LUVVERS

Partout on crée des groupes rock (Coll. privée).
Johnny Hallyday (Photo E. Kagan).
Hey, ça twiste! (Photo Rapho).

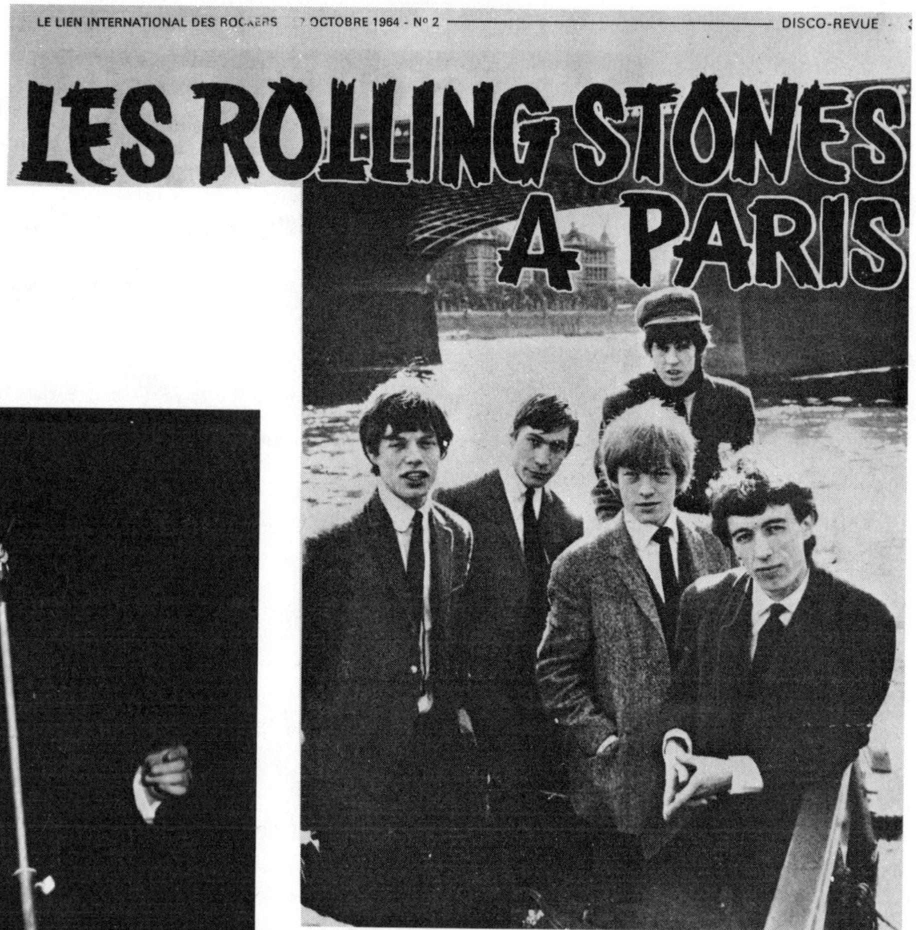

LE LIEN INTERNATIONAL DES ROCKERS · 17 OCTOBRE 1964 - N° 2 — DISCO-REVUE · 3

LES ROLLING STONES A PARIS

THE ANIMALS: TOUS LES DÉTAILS SUR CE SUPER GROUPE ANGLAIS CLASSÉ 1er AU GOUT DES ROCKERS (pages 8 et 9)

NOUS LES ROCKERS

disco revue

LE LIEN INTERNATIONAL DES ROCKERS

INDÉPENDANT OBJECTIF — N° 2 - Samedi 17 octobre 1964 — 1 Samedi sur 2 Prix: 1,50 F

Rédaction-Administration-Publicité : 20, rue de l'Amiral-Mouchez, WISSOUS (S.-et-O.)

Notre Courrier

NOTRE RÉACTION EST UNANIME !

LES ROCKERS EXISTENT EN FRANCE

NOUS SOMMES PRÊTS A MARCHER LA MAIN DANS LA MAIN POUR DÉFENDRE NOTRE CAUSE

(page 2)

les kermesses paroissiales ou en première partie des galas de charité organisés dans le coin. On s'appelle « Les Drakers » ou « Les Swifts ». On rêve du Golf Drouot, on se rabat sur *Salut les copains.* Et quand les « Chaussettes Noires » viennent enfin jouer au théâtre municipal, ils sont reçus comme des grands frères à qui l'on doit tout. C'est du délire : les pompiers sont obligés d'intervenir pour calmer les ardeurs...

Oui, on est en famille, et un journal va même se faire le lien entre tous les membres de cette « hystérie collective », comme disent les croulants. Journal lancé de Nancy par un jeune type, Jean-Claude Berthon, et qui va s'intituler *Disco-Revue.* Le premier numéro est consacré à... Johnny Hallyday bien sûr. Parrainé par Jean Cocteau... De fil en aiguille, le long d'une parution à la périodicité instable, *Disco-Revue* donne plein de nouvelles des chanteurs et des groupes, permet de faire les présentations. Reportages et interviews, sur papier glacé et sur un ton très « pur » où tout est raconté, renseignent enfin sur ce petit monde – qui devient grand – du rock. *Disco-Revue* sera ainsi le premier journal à parler, en France, de certains pionniers américains encore ignorés – Buddy Holly, par exemple –, le premier à prévenir ses lecteurs de l'arrivée prochaine des Beatles. C'est vraiment une revue qui répond à un besoin d'en savoir plus sur les activités (musicales ou pas) des vedettes. Daniel Filipacchi le comprend bien, qui invite un jour, dans son émission « SLC », le Jean-Claude Berthon en question, au moment où celui-ci est en train de lancer un autre journal, un hebdomadaire, *France-Disques,* sorte de copie française du *New Musical Express* anglais. Daniel Filipacchi le comprend même si bien qu'il propose, en coulisses, à Berthon, de prendre en main financièrement *Disco-Revue,* afin que l'affaire soit plus solide. Berthon refuse. Filipacchi décide alors de créer son propre journal. Titre : *Salut les copains,* bien sûr.

Et Filipacchi dispose effectivement d'autres moyens que Jean-

Vince Taylor (Photo Disco-Revue).

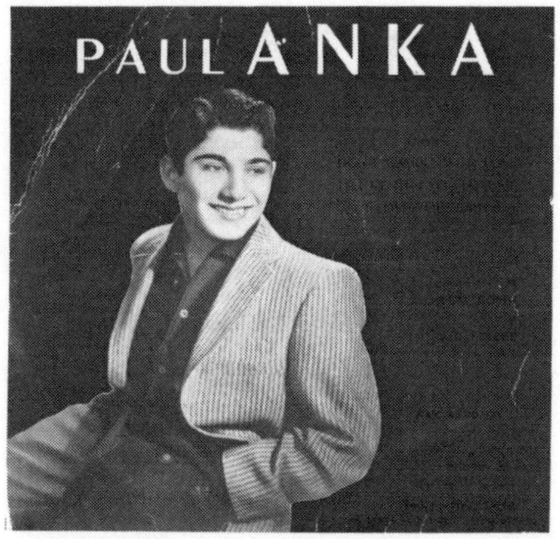

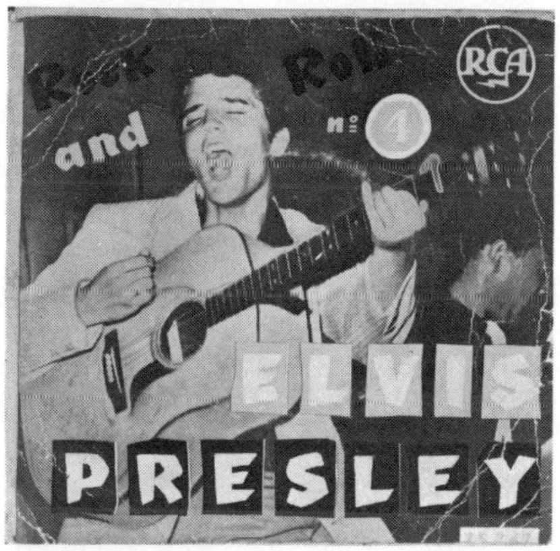

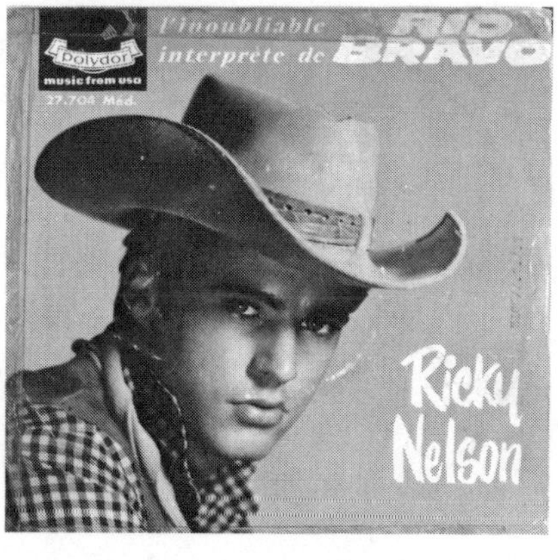

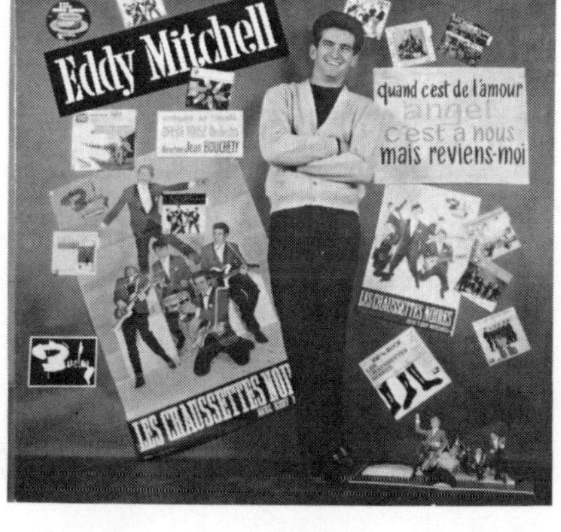

Daniel Filipacchi reçoit Paul Anka à Salut les copains (Photo Rancurel).
La bande de la rue de Crimée (Photo Maltête-Rapho).

Claude. Ne serait-ce, au départ, que cette émission qui marche si bien... Presque 4 millions d'auditeurs, c'est un sacré support. Tout de suite, « SLC » est un magazine épais et en couleurs.

Filipacchi vise alors d'autres objectifs, d'autres créneaux, d'autres publics que Berthon. Son journal, même s'il parle dès le premier numéro de Johnny (bien sûr), d'Eddy Mitchell et de Vince Taylor (dans le genre : pour ou contre?), ou même s'il consacre sa deuxième couverture à Elvis, ne va pas hésiter à réserver de plus en plus de place aux chanteurs « minets », aux Claude François et Franck Alamo, loin des rockers des premiers jours. On twiste et madisone volontiers dans ce mensuel. Et les puristes ne vont pas manquer de dénoncer ces perversions. L'émission elle-même prend cette mauvaise tournure.

D'ailleurs, un an plus tard, pour le premier anniversaire du journal, le 22 juin 1963, le public venu nombreux — 150 000, c'est-à-dire beaucoup plus que n'en attendait le copain Daniel... — place de la Nation, pour fêter ses idoles, sera moins composé de durs rockers que de gentils « fans ». Proportion que *France-Soir* souligne à sa façon : *149 000 jeunes, 1 000 voyous.* On ne dit déjà plus « blousons noirs »...

Dans *Le Monde,* plus objectivement bien sûr, Edgar Morin tâtera le pouls de ces adolescents de 16-18 ans descendus dans la rue pour des motifs apparemment bien légers, et inventera le mot « yé yé ».

Enfin, le général de Gaulle, s'attachant davantage aux dégats commis ce soir-là qu'au reste, y va de sa petite phrase bien raciste anti-jeunes, bien réac, comme on ne dit pas encore : *Ces jeunes gens ont de l'énergie à revendre; qu'on leur fasse construire des routes!*

L'événement, en tout cas, n'est pas passé inaperçu. Il y a dans tout cela comme un parfum de poudre qui n'échappe à personne. Des jeunes viennent de scandaliser parce qu'ils ont grimpé aux arbres ou sur les toits pour écouter... Johnny. Et en bas, dans les rues

EUROPE

autour, la police vient, sans le savoir, de se mettre en rodage de mai 68...

Car en même temps que la « société de consommation » vient de trouver en l'argent de poche des jeunes une source non négligeable de profits, les mêmes jeunes sont en train de trouver dans le rock l'expression d'un refus de cette société qui, à leurs yeux, se laisse entraîner vers un confort pépère et une croissance aveuglante. Cette musique rue dans les brancards avec eux, récupérée par le fric sans l'être tout à fait...

De 63 à 68, d'ailleurs, le rock va continuer à en faire de belles, à faire des siennes. De belles : les Beatles et les Rolling Stones secouent l'Angleterre. Et les vacances des jeunes Français en Grande-Bretagne, pour soi disant parfaire un anglais très scolaire, servent autant à draguer les petites Anglaises que l'on dit « faciles » qu'à ramener les disques, encore introuvables à Paris, de ces groupes qui éclatent de partout, à Liverpool comme à Londres : « The Animals » (et leur grand *House of the rising sun*), « The Kinks » « Gerry and the Pacemakers », « Manfred Mann », etc.

Beatles et Rolling Stones secouent même le monde, que Bob Dylan conteste, et le rock'n roll se porte mieux que jamais. Il est loin d'avoir dit son dernier mot.

Surtout que les relèves ne cessent d'être prises. Voilà déjà Janis Joplin, Jimmy Hendrix et Jim Morrison qui pointent. Cadence infernale. En 1967, ils sont tous là sur le devant de la scène : Janis participe au premier Festival de rock (dit « Monterey Pop »); Jimmy s'appelle encore « Jimmy Hendrix experience » mais fait déjà de drôles de choses avec sa guitare; Jim sort ses premiers disques avec son groupe « The Doors ». 1967? Les Beatles sont à leur apogée avec leur fameux album *Sergeant Pepper's Lonely Hearts Club Band*. Ils chantent *All you need is love* en regardant du côté des hippies de San Francisco où, fleurs au

Place de la Nation : de l'orchestre au poulailler

Johnny Hallyday

A la fête du twist de la Nation, il y avait 1.000 voyous et 149.000 copains

Sylvie Vartan

Comprimés contre les grilles, ce n'étaient pas tous des voyous...

...et Johnny, l'idole, est parti en panier à salade.

Ça ne s'était jamais vu : parce que les idoles du twist chantaient gratuitement, 150.000 jeunes ont déferlé place de la Nation. 149.000 d'entre eux étaient venus pour le rythme, pour la danse, pour se défouler certes, mais surtout pour passer une folle nuit de « copains ».

Pourtant, de graves excès ont été commis samedi soir. C'est que 1.000 voyous n'étaient pas venus, eux, pour le twist. On a retrouvé, en effet, ces mêmes commandos de « graine de violence » pour qui chaque manifestation de rock est l'occasion de se signaler, ces mêmes bandes de blousons noirs qui font la loi impunément dans trop de quartiers de Paris et de la banlieue.

Volontairement noyés dans cette foule considérable, que n'avaient pas prévue les organisateurs eux-mêmes et que la police ne pouvait contrôler, ils ont été encouragés à commettre des actes les plus lâches et les plus cruels avec la quasi certitude de l'impunité.

Quand les renforts arrivèrent pour prêter main-forte à un service d'ordre insuffisant, le pire avait quand même été évité grâce au sang-froid de trois cents gardiens de la paix et de leurs gradés.

Reste à savoir qui indemnisera les nombreux commerçants et les automobilistes victimes d'actes de vandalisme. Même si ceux-ci sont prêts à admettre que le twist est un phénomène social, ils ne sont pas du tout d'accord pour en faire les frais. Aussi, les compagnies d'assurance ne les remboursant pas, ont-ils l'intention de se retourner contre la préfecture de police

Ce matin, un huissier, Mᵉ Jean-Pierre Héral, a constaté officiellement les dégâts.

En pleine nuit, des coups de téléphone affolés à la police : le Festival des copains

(150.000 spectateurs pour Johnny Hallyday Sylvie Vartan et Richard Anthony)

dégénérait en émeute

Sylvie Vartan : « Je n'ai jamais eu aussi peur »

« Je n'avais jamais vu autant de monde, j'ai eu très peur » nous a dit Sylvie Vartan qui, avec Johnny Hallyday est repartie pour Arles ce matin où se poursuit le tournage du film « D'où viens-tu Johnny ? ».

Sylvie a eu très peur quand elle a été bombardée de mégots et d'épluchures de fruits par des « fans » qui lui reprochaient de n'être pas dans le ton.

Johnny, lui, ne se laissa pas démonter par les sifflets. Il « tomba » la veste, dénoua sa cravate et s'adressa à la foule : « Vous êtes des copains, vous savez chanter ? » Et 150.000 jeunes reprirent en cadence son refrain

Mais c'est quand même à bord d'un « panier à salade » que sont reparties, comme elles étaient arrivées, ces idoles des jeunes qui se méfiaient à juste titre des méfaits d'une telle idôlatrie.

Quant aux organisateurs du « Musicorama », ils font remarquer que, parmi les spectateurs, se trouvaient non seulement des jeunes, mais de nombreuses familles venues avec leurs enfants. Et ils rendent hommage au calme et au sang-froid de la police.

SYLVIE VARTAN n'a pas cassé les vitres à « Télé-Dimanche » dont elle était, hier, l'invitée, mais on en a cassé beaucoup en son honneur dans la nuit de samedi, place de la Nation. Si la popularité se mesure seulement à l'ampleur des destructions, Sylvie Vartan et ses « copains », Johnny Hallyday, Richard Anthony, Dick Rivers et « Les Chats Sauvages » sont incontestablement les idoles des jeunes.

Ils sont certainement les premiers à déplorer les excès commis par ceux qui se sont mêlés à leurs « fans ». Au nombre de 150.000 — c'est le chiffre officiel fourni par la Préfecture de police — ceux-ci étaient venus par le métro par l'autobus au moyen de milliers de voitures démodées mais bruyantes et de cyclomoteurs pétaradants, portant en croupe des filles coiffées à la Sheila, les entendre chanter sur le podium électronique d'Europe 1, dressé cours de Vincennes.

Ce déchaînement laisse loin derrière lui les précédentes manifestations de l'Olympia, de l'Alhambra et du Palais des Sports.

On ne s'est pas contenté de hurler, de saccager, de piller, de voler. On déplore aussi des violences, que la pudeur interdit de préciser exercées au milieu de la foule, sur deux jeunes filles, deux sœurs, âgées de moins de 18 ans, et dont l'une a dû être hospitalisée dans un état grave à Saint-Antoine.

La malheureuse avait été recueillie auparavant par les locataires de l'hôtel, 102, rue de Picpus, où elle avait réussi à se réfugier.

Tandis que se déroulaient ces scènes de violence, les riverains affolés appelaient éperdument la police au téléphone. Tous recevaient la même réponse :

— Nous sommes débordés. De toute façon, nous ne pouvons plus arriver jusqu'à vous.

Une voiture de Police-Secours avait tenté de se frayer un passage, Cours de Vincennes. Elle faillit être renversée et fut contrainte de repartir en marche arrière.

C'est dans un de ces « paniers à salade » dont la Police se plaint de ne pas disposer en nombre suffisant qu'avaient été amenés du poste de police de Bel-Air Johnny Hallyday et les autres vedettes pour les soustraire à l'aller comme au retour, aux démonstrations trop enthousiastes de leurs admirateurs.

On avait donc prévu à la Préfecture de Police que le rassemblement des fans pouvait dégénérer.

« Pensez aux enfants, pensez aux femmes », avaient d'ailleurs tout de suite clamé les haut-parleurs. Par le même moyen on avait conseillé aux jeunes gens juchés sur les arbres, les stores des cafés, les corniches et les toits, d'abandonner leur dangereuses positions.

« Ici ça a drôlement bardé »

Dans la soirée d'hier, sur la place abandonnée aux paisibles joueurs de pétanque, quelques délégations de jeunes, dont une était conduite par un authentique blouson noir, sont venues se recueillir devant les vestiges de leur victoire. Ils désignaient du doigt le « bar des Colonnes ».

— Ici, ça a drôlement bardé, disait le chef de file. Autour de lui on ricanait

C'est devant ce café que s'étaient groupées, bien avant le début du spectacle, des bandes turbulentes qui déjà tentaient d'escalader les barrières métalliques entourant le podium et l'enceinte réservée.

L'épave d'une 2 CV immatriculée 358 AG 75 est restée à l'endroit où elle fut piétinée par la horde furieuse.

Un peu plus loin, une 203 noire appartenant à M. Daniel Debon, 33 ans, venait d'être enlevée par un camion-grue de la Préfecture de police.

Elle était dans un aussi triste état que la 2 CV, dont le propriétaire ne s'est pas encore fait connaître.

Sa plainte se joindra sans doute plus tard aux cinquante qui ont déjà été déposées hier dans les commissariats de permanence des 12ᵉ et 20ᵉ arrondissements, pour coups et blessures, vols de voitures — dont celle d'un médecin — de cyclomoteurs et d'objets divers, tels que portefeuilles, montres et sacs à main, dérobés à la faveur des bousculades.

Les renforts arrivent trop tard

Tous ces appels à la prudence et à la sagesse étaient restés vains. Les forces de police nettement insuffisantes, dès le début de la soirée, avaient dû renoncer à déloger les fans qui hurlaient et même dansaient en haut de leurs fragiles perchoirs.

En désespoir de cause, pour que l'ordre ne soit pas plus gravement troublé, et alors que des armes et leurs képis avaient été volés à plusieurs gardiens de la paix, on dut faire appel à deux escadrons de gardes mobiles, à quinze sections supplémentaires de gardiens de la Paix et réquisitionner une centaine de militaires venus assister au « festival des Copains ». Au total trois mille hommes furent amenés pour s'opposer, un peu tard, au millier de trublions qui essayaient d'entraîner dans leurs exactions les 150.000 jeunes spectateurs.

Cette folle nuit commencée à 21 heures se termina peu après une heure du matin. Le dernier métro eut ses vitres brisées. Certains de ceux qui l'avaient raté « s'amusaient » en rentrant à pied chez eux, à attaquer des passants attardés et, quand l'occasion s'en offrait à fracturer les portes des boutiques qu'ils rencontraient.

Des traces de sang sur une verrière

La ville de Paris, de son côté, doit déplorer les dégâts causés à des acacias et des marronniers du cours de Vincennes, dont les branches ont cédé sous le poids de qui les occupait, à une cinquantaine de barrières métalliques, à des panneaux de signalisation dont certains ont été tordus et d'autres emportés, enfin à la chaussée qui a été dépavée sur presque toute sa largeur devant le café Terminus, lui-même victime de l'hystérie

Au 8, boulevard de Charonne, on remarque au-dessus d'une épicerie en cours de réfection des traces de sang sur la verrière qui a cédé en plusieurs endroits. Une jeune fille était passée au travers. Plusieurs jeunes gens, s'aidant d'échelles et de planches, prises dans le chantier, avaient réussi à grimper jusque-là d'où ils avaient gagné le premier étage et même le toit

Un car de police doit renoncer

Au nº 9 du cours de Vincennes, des dommages sérieux ont été causés au cinéma Luna.

Une trentaine de garnements ont démoli la devanture, arraché les tubes de néon, après s'être installés sur le péristyle qu'ils avaient gagné en forçant la porte d'un appartement au premier étage.

En même temps, place du Trône, le kiosque à journaux de M. Auguste Dupuis était dévalisé et l'on mettait à sac la guérite d'une marchande de billets de la Loterie nationale.

Mes chefs sont plus intelligents que moi j'ai obéi pour l'attentat contre de Gaulle

déclare Sari, jugé avec Bernier, devant la Cour militaire

(Compte rendu d'audience d'André FONTAIN.)

LA Cour militaire de justice s'est réinstallée, ce matin, au Fort Neuf de Vincennes, avec le même dispositif que lors du volumineux procès du Petit-Clamart, du 28 janvier au 3 mars derniers. Aussi bien juge-t-elle deux hommes qui constituent le reliquat du commando (quatre sont encore en fuite) qui le 22 août 1962 perpétra l'attentat contre le général de Gaulle.

Le général Gardet préside. Le colonel Reboul, dont on avait si violemment contesté la légitimité, est son assesseur de gauche. L'avocat général Gerthoffer et son second, le colonel Floch, sont au banc du Ministère public.

Dans le box, Gyula Sari, le tireur hongrois, un costaud brun, forte moustache, costume bleu marine, et Serge Bernier, 30 ans, tireur également, et qui, sous le nom de Jean Murat, avait loué les voitures de l'expédition.

Une haine viscérale

Sari, comme ses autres amis du Petit-Clamart, a préparé une déclaration qu'il lit au micro. Il parle de son enfance en Hongrie et dit comment il y a contracté — comme on contracte une maladie incurable — cette haine viscérale du communisme et de la Russie soviétique qui l'a fait d'abord se battre en Indochine (dans la Légion), puis en Algérie, puis enfin adhérer à la conspiration du Petit-Clamart parce qu'à lui aussi on avait dit que de Gaulle était le fourrier du communisme en France, alors qu'auparavant il était gaulliste... a ce qu'il déclare.

Bernier, à son tour raconte sa guerre contre les communistes chinois en Corée, puis en Algérie contre le F.L.N.

Comment est-il arrivé à l'embuscade du Petit-Clamart ? Par les deux hommes qui la dirigeaient : Bougrenet de La Tocnaye (condamné à perpétuité le 3 mars) et Bastien-Thiry (condamné à mort et fusillé).

Bernier répond maintenant aux questions du général Gardet.

Non il n'a fait partie d'aucune organisation de type O.A.S. Seulement du groupe Bougrenet-Bastien-Thiry.

— Bastien-Thiry m'a demandé de louer les véhicules. Ensuite l'opération a été montée. J'ai louée une ID à Amiens, une Fiat à Compiègne et une camionnette Estafette à Joigny. Au début juin il y avait eu des exercices préparatoires.

« J'ai eu peur »

Il appelle l'attentat « l'opération ». Et si le général Gardet le presse d'expliquer ce que devait être cette opération, il répond :

— D'après Bougrenet de La Tocnaye, il était question d'enlever le général de Gaulle.

C'était déjà la thèse des autres conjurés devant la Cour militaire de Justice.

Bernier participe donc aux répétitions de l'opération, à l'opération manquée du 8 août (tentative de l'avenue de Versailles, mais le cortège présidentiel avait pris le quai Louis-Blériot), à l'opération manquée du 22 août au matin (dans le quartier des Invalides) et enfin le 22 août à 20 h. 10 au Petit-Clamart.

— Je guettais le signal que devait m'envoyer Bastien-Thiry. J'ai eu un moment d'hésitation où j'ai eu peur et j'ai ouvert la portière avec un peu de retard. La voiture présidentielle était à soixante-dix mètres. J'ai pensé qu'elle était beaucoup trop près. Les fusils-mitrailleurs ont tiré, les véhicules du convoi étaient déjà à notre hauteur.

LE PRESIDENT. — Vous-même, vous avez visé ?

BERNIER. — J'ai épaulé et j'ai tiré en direction des pneus, avec mon pistolet-mitrailleur. Je tire assez bien au P.M.

LE PRESIDENT. — Combien avez-vous tiré de cartouches ?

BERNIER. — Une courte rafale. Cinq ou six cartouches.

Un beau feu d'artifice

Quant à Sari, qui s'empare du micro après l'interrogatoire de Bernier, il voulait lui aussi, à ce qu'il dit, « enlever le général de Gaulle pour sauver l'Algérie française et la France du communisme ».

— Maintenant je sais que je me suis trompé, dit-il. Mais pour le Petit-Clamart, mes chefs militaires m'ont ordonné de participer à cette opération. J'ai considéré qu'ils étaient plus intelligents que moi, j'ai obéi.

Cela dit, Gyula Sari le répète : il n'a jamais cherché à comprendre. Il a tiré avec son fusil-mitrailleur sur les pneus. Un chargeur en trois petites rafales. Puis un autre chargeur pour montrer à son ami Varga, l'autre Hongrois du commando, « un beau feu d'artifice ».

Le commissaire Bouvier, qui dépose dans l'après-midi apporte une information qui agite la défense. C'est que Varga (condamné le 3 mars) avait déclaré aux policiers que la charge de plastic découverte dans l' « Estafette » était destinée à faire sauter la voiture, arrêtée par les rafales, du général de Gaulle. Et que c'était Bernier qui devait être artificier de cette séquence explosive.

— On ne nous a jamais parlé de ça, protestent les avocats.

— Que si, répond le commissaire. Voyez le procès-verbal nº 964 de la police.

On voit le procès-verbal et évidemment Varga a bien fait cette déclaration.

Communistes et indépendants risquent de faire échouer le candidat U. N. R.

à la présidence du conseil municipal de Paris

LE conseil municipal de Paris choisit, non sans difficultés, le successeur de M. Pierre-Christian Taittinger.

Un accord avait été conclu voici quatre ans entre l'U.N.R. et les indépendants pour que chacun de ces deux groupes bénéficie successivement de la présidence. C'était donc, cette année au tour de l'U.N.R. Son candidat M. Jean Auburtin, avocat à la Cour paraissait réunir toutes les qualités personnelles pour l'emporter. M. Auburtin est conseiller municipal depuis 1947. D'une fidélité immuable, d'abord au R.P.F. puis à l'U.N.R., il peut même se prévaloir d'une très ancienne amitié avec le chef de l'Etat. C'est lui qui en 1936 a présenté le colonel de Gaulle à un certain nombre d'hommes politiques dont Paul Reynaud.

Le P. C. favorable aux indépendants

Pourtant les chances de M. Auburtin semblent diminuées par l'attitude d'un certain nombre d'indépendants qui veulent man[illegible] rement aux accords conclus, les travaux de l'assemblée municipale se trouveront implicitement bloqués. Et on s'acheminerait

Les Bretons vont vendre 1 F les 5 kg. de pommes de terre, sur les marchés à Paris

LES producteurs de pommes de terre de la région de Saint-Pol-de-Léon organisent, à partir de demain mardi 25 juin, à Paris, une vente directe de leurs produits. Trente tonnes de pommes de terre seront vendues un franc le sachet de cinq kilos sur les marchés suivants :

Davout, boulevard Davout
Ménilmontant [illegible]
la Villette.
Convention, [illegible]
Port-Royal, [illegible]
Port-Royal.
Gobelins, [illegible]
lie.

Conseil [illegible] mardi : [illegible]mum

En raison du [illegible]age d'[illegible] Il en Fra[illegible] ministres se [illegible] mardi et non [illegible] il entendra [illegible] l'évolution [illegible]mum » à [illegible] de la com[illegible] conventi[illegible] Il est possible [illegible] ministres s'occupent également [illegible] la [illegible] du Conseil [illegible] le projet [illegible] de cons[illegible]

6 élections cantonales : 4 élus

Un communiste, un ex-socialiste, un U.N.R. et un M.R.P. ont été élus hier au cours de six élections cantonales partielles. A Seclin, dans le Nord, le communiste l'emporte sur le socialiste pour le siège d'un conseiller général socialiste décédé. Ce dernier, il est vrai, avait été élu grâce au désistement communiste. Dans le Maine-et-Loire, le M.R.P. l'emporte sur l'U.N.R. pour le siège occupé jusqu'à présent par un indépendant.

Tous ces résultats ont été obtenus au second tour. Il y a ballottage au premier tour dans deux cantons. A Clermont-Ferrand-Est le candidat socialiste paraît bien placé.

● [illegible] : L'UNR [illegible] LE COMMUNISTE DE [illegible] VOIX

Inscrits : 1.705 ; suffrages exprimés : 1.43[illegible]

[illegible] (U.N.R.) 644 voix, [illegible] 636 ; Franco [illegible] 105 voix ; divers 6

Il s'agissait de remplacer M. [illegible]-Molinier, [illegible] U.N.R. [illegible] décédé. Au premier tour, [illegible] avait obtenu, 518 voix, [illegible] Franco 182, Jaloustet [illegible] 180, Bernas[illegible] En 1961, M. Cornillon-Molinier avait été élu par 706 voix contre 698 à M. Laurenti (comm.). Le faible écart (8 voix) qui sépare M. Labri de M. [illegible] pourrait entraîner une [illegible]tation.

● MAINE-ET-LOIRE : LE MRP BAT L'APPARENTE UNR

Inscrits : 4.500 ; suffrages exprimés : 2.619.

MM. René GOUJON (M.R.P.) : 1.415 voix, élu ; Pierre Cointreau (soutenu par l'U.N.R.) 1.197 voix.

Au premier tour : MM. Cointreau 902 voix ; Goujon, 795 voix ; Chollet (modéré) 343 ; Linard (comm.) 236 ; M. Pierre Cointreau était le neveu du conseiller général, M. André Cointreau (indep.), décédé, qu'il s'agissait de remplacer. En 1958, M. André Cointreau avait obtenu 1.802 voix

● NORD : LE COMMUNISTE PREND LE SIEGE DU SOCIALISTE

Inscrits : 27.010. Exp. : 17.567.

MM. Paul DUROT (communiste, maire de Seclin), 8.868 voix, élu ; Deroubaix (Union pour la déf. du canton), 3.201 ; Vion (S.F.I.O.), 5.302.

Il s'agissait de remplacer un socialiste, M. Guillain décédé. Au premier tour : M. Durot, 3.63[illegible] voix ; Vion, 1.980 ; Deroubaix, [illegible] (M.R.P.), [illegible]. Le duel socialiste-communiste s'est donc terminé à l'avantage du candidat communiste, bien que le candidat socialiste ait gagné quelques voix entre les deux tours

● TARN-ET-GARONNE : UN SFIO ELU

Inscrits : 15.009. Exp. : 8.214.

M. Louis DELMAS (dép. S.F.I.O.), 3.364 voix, élu ; Mme Gineste (M.R.P.), 2.850 voix.

Il s'agissait de remplacer M. Blanc (S.F.I.O.) qui avait démissionné pour raisons personnelles. Au premier tour : M. Delmas, 1904 ; Mme Gineste, 1.289 ; M. Juge (com.) 922 ; M. Baconnet (ss étiq) 612. En 1958, au second tour, M. Blanc avait été élu par 2.880 voix contre 2.845 à Mme Gineste. Cette fois-ci, il est vrai, M. Delmas bénéficiait du soutien radical.

● GARD : BALLOTTAGE

Inscrits 4.003 ; expr., 2.679.

MM. Gleizes (rad.-soc.), 741 voix ; Raymond Joseph (déf. rép.), 621 ; Vignaud (déf. int. cant.), 657 ; Rimbaud (com.), 382 ; Fauteux (int. ruraux), 378.

Il y a ballottage

Il s'agit de remplacer M. Taillefer (rad.-soc.), décédé. M. Taillefer avait été élu en 1958 au second tour par 1.382 voix contre 683 à M. Cordilach (com.) et 770 à M. Lacroix (ind.).

● PUY-DE-DOME : BALLOTTAGE. LE SOCIALISTE EN TETE

Inscrits [illegible] expr. [illegible]

Les médecins conv[illegible]tionnés protestent

24 juin 1963, soirée « Salut les copains » place de la Nation (Photo R. A.-Gamma).

poing, on veut refaire le monde sans violence, rien qu'en faisant l'amour et en fumant gentiment de l'herbe...

Mais le rock'n roll ne se prête guère à ces jeux d'enfants où l'on croit encore au ciel dès qu'il fait beau. Le rock'n roll n'est pas né de la dernière pluie : plutôt d'une très ancienne, quand il faisait gris sur les banlieues, à la fin des années 50. Le rock'n roll, à l'aube des années 70, rebaptisé quelque temps « pop music », reste fidèle à son image de marque, à son image de musique dure comme du béton, et défie jusque dans la mort les illusions artificielles de la contestation. Ce n'est pas de hasch ni de la marijuana que vont mourir successivement Brian Jones, des Stones, en 69, Janis Joplin et Jimmy Hendrix en 70, Jim Morrison en 71, mais d'overdoses plus sérieuses. C'est l'hécatombe, et John Lennon, ex-Beatles, chante en 71 : *The dream is over*. Le rêve est fini...

Ça ne fait rien. La mort va bien au rock'n roll qui en a vu d'autres. Pas de larmes. Le rock'n roll a la peau dure. Les souvenirs aussi.

Souvenirs dont on ne sait pas trop quoi faire, qu'on ne sait pas très bien où ranger. Qu'on loge à la périphérie de la mémoire, sur un terrain vague de la mémoire, là où il y a des flaques qui rident les visages sous les courants d'air. Miroirs fripés.

Souvenirs-souvenirs, on vous croise dans un cœur.

Maurice ACHARD est journaliste aux *Nouvelles littéraires*. Il est l'auteur de trois romans dont *Subjectif lune* (Éditions des Autres), et d'un essai sur Jean-Luc Godard (Éditions Libres-Hallier).

salut les
copains
SPECIAL JUILLET AOUT 1962 1,50 NF.
LES PAROLES
DE VOS CHANSONS
PREFEREES
ray charles et fats domino
SYLVIE EN COULEUR!!!
(72 pages) rock
un concours formidable
POUR OU CONTRE? VINCE TAYLOR
SI VOUS VOULEZ CHANTER COMME MOI... par BRENDA LEE
N'OUBLIEZ PAS
EDDIE
MITCHELL

MARIENBAD

BERNARD LE SAUX

S'il est, selon le poète, des lieux où souffle l'esprit, il est aussi, assurément, des mots pour condenser, l'espace de quelques syllabes, tout le climat intellectuel d'une époque. Ainsi de celui-ci : *Marienbad.*

A l'automne 1961, un film signé Alain Resnais et Alain Robbe-Grillet explose sur les écrans de l'hexagone : *L'Année dernière à Marienbad.* Film-phare, froide étoile tôt levée dans le ciel des *Sixties* et qui persiste, vingt ans après, à jeter sur celles-ci une lueur polaire.

Du jour au lendemain, en cet automne de la guerre d'Algérie finissante, *Marienbad,* obscure et lointaine ville d'eaux de Bohême, se retrouve consacrée capitale de l'imaginaire par une intelligentsia parisienne en ébullition. Capitale éphémère sans doute mais dont l'éclat fulgurant ne saurait être rétrospectivement mésestimé : il est encore aujourd'hui de jeunes cinéastes aux quatre coins du monde, des bords de l'Hudson au cœur du Maghreb, pour reconnaître leur dette, pour avouer la fascination qu'ils éprouvèrent alors, immergés dans l'œuvre déroutante et hypnotique des deux Alain.

A l'époque, snobisme aidant — mais a-t-on déjà vu une réussite digne de ce nom qui ne doive peu ou prou à cet indispensable autant qu'honteux allié? — le succès critique et commercial tourne rapidement au phénomène de société. Le film excitera même jusqu'à la verve des chansonniers, devenu à leurs yeux, le symbole même de ces confiseries absconses dont se régale ordinairement le ghetto pensant.

De prime abord, l'œuvre (comme d'ailleurs la trilogie du cinéaste italien Antonioni qui se déploie durant la même période : *L'Avventura, La Nuit, l'Éclipse*) semble beaucoup emprunter à l'esthétique du roman-photo. Roman-photo de luxe, cela va de soi, sur papier glacé. Elle accuse les blancs et les noirs; elle fige les personnages en des poses hiératiques; elle tend à abolir le mouvement dans une recherche systématique des temps morts.

Avec l'exotisme en plus. Un exotisme qui débute, non sans une certaine volupté labiale, dès le seul énoncé de ce mot : *Ma-rien-bad* mais qui, malgré la référence explicite aux années 30 (décors, costumes, jeu empesé des acteurs évocateur du cinéma muet) n'entretient guère que des rapports de pure superficialité avec celui qui marqua si profondément l'avant-guerre et s'est perdu, à jamais, dans les brumes des ports et la fumée des grands Express internationaux. Celui qui est inséparable des œuvres de Cendrars ou Morand, de Carco ou T'Serstevens et tout autant de celle d'un Joseph Von Sternberg. Celui-là que Valéry Larbaud mieux que quiconque a personnifié lorsqu'il égrenait au rythme psalmodique des boggies :

> *J'ai senti pour la première fois toute la douceur de vivre,*
> *Dans une cabine du Nord-Express, entre Wirballen et Pskow.*

L'exotisme de *L'Année dernière à Marienbad,* en effet, est lui, tout cérébral. Il renvoie à la fiction et à rien d'autre. *Marienbad,* ce lieu géographique précis qui aurait pu constituer le seul point d'ancrage de l'œuvre dans le réel, *Marienbad* n'existe pas, *Marienbad* n'existe plus. Le nom en a été effacé de la carte de l'Europe, balayé par le grand vent de l'histoire; il s'est évanoui dans la tourmente de la Seconde Guerre mondiale, remplacé par l'appellation tchèque de Marianske-Lazne...

Interrogé par Yvonne Baby dans *Le Monde* du 29 août 1961 et à la question : *Quel est le sujet du film?* Alain Resnais répond : *Dans un palace international, un étranger rencontre une jeune femme et lui raconte l'histoire d'amour qu'ils ont vécue l'année dernière. La femme nie, l'homme affirme, s'entête. Qui a raison?* Trompeuse simplicité. Ce résumé n'est évidemment qu'un faux-semblant. A l'image du théâtre baroque où, durant une heure et demie, vont glisser dans le blanchoiement d'une coulée de plans surexposés, des silhouettes muettes, étrangement semblables à des mannequins de cire. Ombres errantes, pérégrinant dans un univers de choses : stucs, colonnes, miroirs; dans un univers clos, irréel, sourd aux bruits du dehors; un univers labyrinthique de corridors et de salons, d'allées rectilignes et de pelouses à la française. Sur la musique de Francis Seyrig va s'élever soudain la voix du narrateur. Le voyage commence : *Une fois de plus je m'avançais, seul, le long de ces mêmes couloirs, à travers ces mêmes salles désertes, je longeais ces mêmes*

CAHIERS

DU CINÉMA

colonnades, ces mêmes galeries sans fenêtre, je franchissais ces mêmes portails, choisissant mon chemin comme au hasard parmi le dédale des itinéraires semblables. »

Où sommes-nous? Qui sont-ils? Les lumières rallumées, le film propose un véritable jeu de société qui fait fureur dans les salons. Un grand hôtel? Une prison? Une clinique? L'enfer peut-être. L'avantage, c'est que chacun peut y aller de sa propre lecture. Sans remords et sans risque de démenti. Et surtout pas de la part des auteurs qui tiennent un bon nombre d'explications plausibles à la disposition du public et de la critique, variant ces dernières au gré des interviews. *« Nous aimerions que le spectateur se laisse aller et participe en créant son interprétation perpétuellement »,* déclarent-ils. Et encore : *« Le film est ouvert à tous les mythes. »* De leur propre aveu, ce chateau-hôtel germanique présente donc toutes les caractéristiques d'une auberge espagnole.

La jeune critique va d'ailleurs s'empresser d'y apporter ses louanges les moins mesurées. Dans le numéro de septembre 1961 des *Cahiers du cinéma,* consacré en majeure partie au film, François Weyergans n'hésite pas, par exemple, à confier : *« J'ai le sentiment d'être en présence d'une sorte de révolution copernicienne. »* De son côté, un néo-romancier en herbe, épigone d'Alain Robbe-Grillet et qui deviendra l'un des « gourous » de la modernité dans les années 70, Jean Ricardou, n'est pas moins catégorique qui affirme dans la revue *Premier Plan* qu'avec *L'Année dernière à Marienbad,* on est en présence de *« l'une des étapes les plus conscientes de la transformation d'un art récent, mais ancien, en art rigoureusement moderne, en forme créatrice en pleine possession de ses pouvoirs ».*

Pour autant, aux yeux des modernistes, le *Nouveau cinéma* a déjà deux ans. L'An I de cette authentique révolution culturelle, c'est en effet l'année 59 qui a vu l'irruption sur le devant de la scène, de la fameuse « Nouvelle Vague ». Cette année-là, les « jeunes turcs » qui, au cours de la décennie écoulée ont transformé les *Cahiers du Cinéma* en une véritable institution — accouchant de la plus brillante et de la plus incisive des revues cinématographiques — passent massivement de la théorie à la pratique. En avril, François Truffaut a remporté le Grand Prix du festival de Cannes avec ses *400 coups.* Éric Rohmer, lui, tourne son premier long métrage : *Le signe du lion* qui sera un bide monumental; Jacques Rivette poursuit, péniblement, la réalisation du sien : *Paris nous appartient,* désespérément à la recherche du bout de pellicule man-

A. Delon et M. Vitti dans « L'éclipse » de Antonioni.
J.-P. Léaud dans « Les 400 coups » de F. Truffaut.
G. Blin et J. Mainiel dans « Les cousins ».
J.-C. Brialy dans « Les cousins » de Chabrol.
J.-C. Brialy et B. Laffont dans « Le beau Serge » de Chabrol (Coll. Cahiers du Cinéma).

quant. Le plus précoce de l'équipe, Claude Chabrol qui, dès l'hiver 1957, a tourné dans son village creusois de Sardent *Le beau Serge* puis, l'année suivante, *Les cousins,* met en chantier son troisième long métrage : *A double tour.* Enfin, et c'est incontestablement, au regard de l'histoire du septième art, l'événement le plus important : entre le 17 août et le 15 septembre de cette année-là, Jean-Luc Godard tourne *A bout de souffle* qui sera la révélation du printemps 1960 (date de sa sortie). Film qui demeure, s'il fallait n'en retenir qu'un seul, le plus significatif de ceux produits par la Nouvelle Vague et donc, le film-clé de la décennie balbutiante.

1959 cependant, c'est encore et c'est peut-être surtout, l'année où apparaît sur les écrans du cinéma français un objet malaisément identifié : *Hiroshima mon amour,* le premier long métrage d'Alain Resnais (d'après un scénario de Marguerite Duras), réalisé juste avant *Marienbad.* Le choc est intense. Et sans doute peut-on considérer qu'il sonne, historiquement, le glas du « cinéma de papa » et l'heure de sa relève par la « Nouvelle Vague ». Cette dernière en effet, il faut le préciser, ne se réduit nullement au seul groupe des anciens critiques des *Cahiers* même si ces derniers en constituent le noyau « dur ». Jean-Luc Godard par exemple, dans le numéro spécial que les *Cahiers* consacreront au phénomène de la *Nouvelle Vague* en décembre 1962, admettra volontiers que cette dernière englobe, outre ses amis, ce qu'il appelle *« le groupe de la rive gauche : Resnais, Varda, Marker »* ainsi que diverses individualités, tel « l'oncle Astruc ».

Dès juillet 1959 d'ailleurs, les *Cahiers* ont salué l'événement (Jean-Luc Godard proclame pour sa part qu'avec *Hiroshima,* mais aussi avec *Pickpocket* de Robert Bresson *« commence quelque chose d'essentiellement nouveau, comme avec Klee en peinture »*). Ils ont consacré une « table ronde » au film de Resnais à laquelle participent notamment Pierre Kast, Jacques Rivette, Jean-Luc Godard et Eric Rohmer. Ce dernier sera le seul à conserver un peu de sang-froid, suggérant sagement : *« Je crois que dans quelques années, dans dix, vingt ou trente ans, on saura si* Hiroshima *est le film le plus important depuis la guerre, le premier film moderne du cinéma parlant, ou bien s'il est peut-être moins important qu'on ne le croit. »* Eric Rohmer, décidément très prudent qui, dans un autre numéro spécial des *Cahiers* consacré, lui, à la situation de la critique cinématographique (Décembre 61) déclarera : *« Tout ce que je sais, c'est que la Nouvelle Vague entrera globalement dans l'histoire; je soupçonne que l'histoire y opérera un tri, mais je ne peux dire au détriment ou à l'avantage de qui ce tri s'opérera. »*

Ce pari sur l'avenir, pourtant, il est des critiques qui vont le prendre et sans la moindre hésitation. Avec une ardeur polémique suspecte, ils condamnent en bloc la « Nouvelle Vague » l'identifiant pour les besoins de leur cause, au seul groupe des ex-critiques des *Cahiers*. *« Resnais, oui. Godard, non »,* tel va être en substance, le cri de ralliement de ces intellectuels de l'extrême gauche, surréalistes-trotskysants dans la lignée de Breton, communistes en rupture de PC, gauchistes avant la lettre, qui se regroupent principalement autour de la revue rivale des *Cahiers : Positif.* Il existe un lourd contentieux entre les deux titres qui sont depuis des années à stylos tirés et les « positivistes » n'entendent évidemment pas laisser échapper une si belle occasion de régler leur compte aux « petits-bourgeois démo-chrétiens » des *Cahiers* passés de l'autre côté de la caméra. Aussi, lorsque *A bout de souffle* sort sur les écrans parisiens, en avril 1960, Louis Seguin le présente dans *Positif* comme *« le plus fabriqué, le plus truqué des films »* puis, établissant une comparaison avec *Quai des brumes,* ajoute méchamment : *« L'anarchiste Gabin était du bois dont se faisaient les combattants des Brigades internationales; l'anarchiste Belmondo est de ceux qui écrivent : Mort aux juifs! dans les couloirs du métro, en faisant des fautes d'orthographe. »*

Pour sa part, Roger Dadoun, dans le numéro-bilan que les *Lettres Nouvelles* dresseront en février 1963 des *« Aspects présents de l'activité intellectuelle et artistique en France »,* se montrera un procureur tout aussi impitoyable. Qu'il s'agisse d'*A bout de souffle (« sous-romantisme plaqué sur une psychologie hâtive »)* ou du *Paris nous appartient* de Jacques Rivette *(« sorte de feuilleton cinématographique mal composé »)* rien de ce qui porte la signature d'un ancien des *Cahiers* ne trouve grâce à ses yeux. Et il conclura d'ailleurs par ce jugement sans appel : *« La Nouvelle Vague mérite de prendre sa place au sein de la vaste entreprise gaulliste de dépolitisation-déculturation... C'est le règne de la duplicité, de la mystification, de l'hypocrisie, de l'immobilisme qui batifole; C'est, peut-être, une forme moderne d'ordre moral. »* Bête noire de la critique d'extrême gauche (sauf, il est vrai, de la critique communiste orthodoxe qui, Aragon et Georges Sadoul en tête, va très vite le « chouchouter ») Jean-Luc Godard n'en poursuit pas moins sa route. Et son œuvre. Une œuvre provocatrice à souhait (à tel point qu'une éphémère revue « pure et dure », poussée en banlieue parisienne à la gauche de *Positif* et qui, à sa manière, annonçait la fièvre

« Le petit soldat » de Godard. J.-L. Godard pendant le tournage de « L'escroc » (Coll. Cahiers du cinéma).

soixante-huitarde et ses éruptions dogmatiques, ira jusqu'à barrer sa couverture, en référence au fameux slogan antifasciste, d'un virulent : « Godard ne passera pas ! »).

Ce divorce, surprenant pour qui ne connaît de Godard que le maoïste paumé de l'après-68, atteint son point culminant avec le second long métrage que l'ancien critique des *Cahiers* entreprend au début de l'année 60 et dont la sortie est prévue pour l'automne : *Le petit soldat.* Un *« film confus sur la confusion »,* admet-il. Un film qui prend pour sujet *« la nostalgie de la guerre d'Espagne »,* à la manière dont son troisième long métrage : *Une femme est une femme* entendra traduire *« la nostalgie de la comédie musicale ».* En pleine guerre d'Algérie, il évoque la lutte secrète et sanglante que se livrent à Genève, les réseaux du FLN algérien et de l'extrême droite française, abordant au passage le problème brûlant de la torture. Résultat : le film est interdit par la censure. On assiste alors à ce paradoxe (tout à l'honneur de la revue) : *Positif* protestant solennellement contre l'interdiction d'un film qualifié par ailleurs dans un éditorial (Novembre 1960) de *« film fascisant sur les dessous de la guerre d'Algérie ». Le Petit soldat* – l'un des très rares films de l'époque à évoquer le conflit algérien – ne sera libéré au bout du compte que plusieurs mois après la fin des hostilités, dans les derniers jours de janvier 1963. Sans désarmer pour autant ses détracteurs puisque l'un des plus brillants « positivistes », Robert Benayoun, écrira alors dans *France-Observateur* (l'ancêtre du *Nouvel'Obs*) : *« Cela ressemble assez au numéro de quelque Trissotin de snack-bar et n'en dépasse guère le niveau. »* Il est vrai que l'« anarchiste de droite », Jean-Luc Godard, avait entre-temps, renvoyé l'extrême gauche intellectuelle mécontente de la façon dont il avait traité le problème algérien, à son impuissance, déclarant notamment : *« Si Kyrou – de Positif – ou ceux de l'Observateur voulaient qu'on en parle autrement, très bien, mais ils n'avaient qu'à se rendre avec une caméra chez le FLN, à Tripoli ou ailleurs. »*

Le souci de l'exactitude historique, et aussi le goût de la symétrie, commande cependant ici de rappeler que si, à gauche, Resnais est encensé et Godard vilipendé, la situation est pratiquement inversée, quelque part à l'aile droite des *Cahiers.* A cette aile, en effet, caracole, une brigade de hussards sous la conduite d'un jeune écrivain qui affiche volontiers ses sympathies néo-fascisantes : Michel Mourlet. Ce sont les « mac-mahoniens », du nom de la salle de cinéma parisienne, le « Mac-Mahon » où ils célèbrent régulièrement le culte du cinéma américain

CONFEDERATION
Une organisation terroriste française
a l'origine des attentats commis en
contre des intellectuels sympathisants du

ESCROC

CAHIERS
DU CINÉMA
103 ★ REVUE MENSUELLE DE CINÉMA ● JANVIER 1960 ★ 103

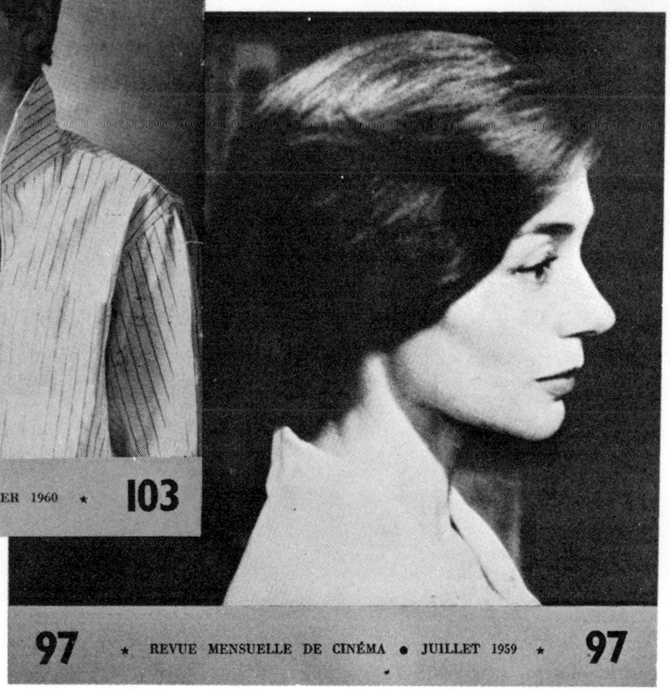
97 ★ REVUE MENSUELLE DE CINÉMA ● JUILLET 1959 ★ 97

C. Deneuve et N. Castelnuovo dans « Les parapluies de Cherbourg » de Demy.
F. Dorléac et F. Truffaut pendant le tournage de « La peau douce ».
M. Ronet dans « Le feu follet » de Malle (Coll. Cahiers du cinéma).

norte nue
dimanche
ollywood

France-soir

LE SEUL QUOTIDIEN FRANÇAIS VENDANT PLUS D'UN MILLION

N° 5613 - Gut 88-00 Cen 20-00 100, r Réaumur -- PARIS (2e) Boîte Postale 142-02 | Mardi 7 Août 1962 | 219e jour de l'année | NF 0,25 (25 fr.) | ALGERIE 0,30 - MAROC: 37 fr m. - TUNISIE: 27 m. - BELG.-LUX.: 2 fr. 50 - ALLEM.: 40 pf. - SUISSE: 0 fr. 30 - ESP.: pes. 3,50 - ITAL.: 50 l. - ANGL.: 9 pence - AUT.: 3 sch.

7e ÉDITION

RILYN MONROE : AUTOPSIE

et plus particulièrement celui de quatre réalisateurs, le fameux « Carré d'As » du Mac-Mahon : Joseph Losey, Fritz Lang, Otto Preminger, Raoul Walsh. En septembre 1960, les *Cahiers du Cinéma* leur accordent l'hospitalité de leurs colonnes, le temps d'un numéro où ils célèbrent les mérites de Joseph Losey (il faut savoir qu'à cette date, ce dernier est pratiquement un inconnu, confondu par la critique en place dans le lot des cinéastes américains exilés en Europe par le mac-carthysme et son œuvre généralement jugée moins intéressante que celle d'un Jules Dassin par exemple). A partir de décembre 1961 les « mac-mahoniens » diffuseront la bonne parole dans une revue bien à eux, *Présence du Cinéma* qui, délaissant les cinéastes en vogue, s'intéressera aux œuvres d'un Vittorio Cottafavi, d'un Samuel Fuller ou d'un Jacques Tourneur...

Face à la « Nouvelle Vague », Michel Mourlet se montre tout aussi sévère que ses confrères de *Positif*. Avec cette différence de taille qu'il avoue une faiblesse pour Godard (*« Sa démarche a de l'élégance et il a le sens du geste »,* concède-t-il) mais se révèle au contraire, un implacable procureur de l'œuvre d'Alain Resnais. D'*Hiroshima mon amour (« Quatre-vingt-dix minutes d'obscénités atomiques »)* à *Marienbad,* il décèle *« la même incapacité à montrer la vie qui est la raison secrète de toute l'esthétique de Resnais... ».* Et à propos de *Marienbad* toujours, faisant allusion au court métrage qu'Alain Resnais avait consacré en 1955 aux camps de concentration nazis, il aura cette phrase d'une exceptionnelle férocité : *« Ayant commencé sa carrière par des travellings sur des cadavres, il est normal qu'il la poursuive par des travellings sur des statues. »* (Alain Robbe-Grillet, scénariste du film, n'avait-il pas, il est vrai, admis par avance : *« On peut imaginer que Marienbad est un documentaire sur une statue? »).*

Pourtant, la violence de l'assaut trouve sans doute sa véritable explication ailleurs : *Marienbad* — et Michel Mourlet le relève encore : *« Avant de se voir comme une œuvre de Resnais, se lit comme un roman de Robbe-Grillet. »* Or, ce même Mourlet a été parmi les premiers à combattre les théories néo-romanesques que Robbe-Grillet est en passe de faire triompher. Du moins pour quelque temps. En 1957, il a ainsi répliqué *(« Une impasse pour le roman futur »)* au fameux article publié quelques mois plus tôt par Alain Robbe-Grillet dans la NRF *(« Une voie pour le roman futur »),* article qui demeure à coup sûr le plus significatif des textes théoriques de l'auteur des *Gommes* et qui s'achève sur ces lignes prétendant définir un nouvel art romanesque : *« Nous constatons, de jour*

A. Robbe-Grillet, C. Simon, C. Mauriac, J. Lindon, R. Pinget, S. Beckett, N. Sarraute, C. Ollier devant les éditions de Minuit (Photo éd. Minuit).

en jour, la répugnance croissante des plus conscients devant le mot à caractère viscéral, analogique ou incantatoire. Cependant que l'adjectif optique, descriptif, celui qui se contente de mesurer, de situer, de limiter, de définir, montre probablement le chemin difficile d'un nouvel art romanesque. » Au début des années 60, l'« École du regard » (Alain Robbe-Grillet propose en somme aux romanciers le stylo-caméra comme Alexandre Astruc offrait aux cinéastes sa célèbre caméra-stylo) tient le haut du pavé. Elle possède même une étiquette homologuée : le *Nouveau Roman.* Véritable coup de génie publicitaire d'ailleurs que l'utilisation de cet adjectif « nouveau » dont on connaît le pouvoir de fascination (on nous a refait le coup à plusieurs reprises récemment). Refuser le « nouveau », c'est en effet automatiquement basculer du côté de l'archaïque, du côté de cette critique académique qui, par principe, chevrote contre le neuf et, en l'occurrence, n'y manque pas.

Avec l'aide efficace de Roland Barthes qui thésorise-terrorise à tour de bras sur la production romanesque de Robbe-Grillet, cette école du « Nouveau Roman » qui regroupe pour l'essentiel des auteurs publiés aux Éditions de Minuit (Alain Robbe-Grillet, Nathalie Sarraute, Michel Butor, Claude Simon, Robert Pinget...) s'efforce, et dans une certaine mesure parvient, à régenter les lettres françaises. Il est à ce moment, véritablement, minuit dans le siècle. Et si le cinéaste Fritz Lang a raison, qui déclare quelque part : *« Je pense que lorsqu'on a une théorie sur quelque chose on est déjà mort »,* alors, c'est bel et bien le silence mortel des grandes glaciations qui fige pour quelques années toute pensée vivante. Il n'est plus désormais en effet de création possible sans allégeance aux docteurs de la loi. Jean Ricardou l'avouera volontiers un peu plus tard, en pleine période de délire théorique (*La Nouvelle Critique* – janvier 1973) posant pour principe : *« Quoique distinctes, pas de fiction sans théorie. »*

A l'aube de la décennie, Julien Gracq a beau parler d'une *« avant-garde imposée par les pions »;* Kleber Haedens dénoncer ces *« romans, lents et gris comme des pluies d'automne en banlieue, consacrés à la reconstitution minutieuse de la banalité la plus banale »;* Simone de Beauvoir noter dans *La Force des choses* que *« la constante de cette littérature, c'est l'ennui »* le succès du « Nouveau Roman » est foudroyant et déborde largement nos frontières. Robbe-Grillet est étudié très vite dans les universités américaines. En août 1963, lorsqu'un colloque sur le roman contemporain réunit à Léningrad des écrivains de l'Est et de l'Ouest, la délégation française conduite par le poète André Frénaud, membre du comité organisateur, se compose de... Nathalie Sarraute, d'Alain Robbe-Grillet et de Bernard Pingaud qui n'y figure qu'en remplacement de Michel Butor, indisponible. Jean-Paul Sartre, Simone de Beauvoir et André Stil sont présents eux aussi, mais au titre d'invités personnels de l'Union des écrivains soviétiques et Roger Caillois à celui de représentant de l'UNESCO. Cela dit, s'il était besoin d'une preuve unique de l'influence prépondérante du « Nouveau Roman » en ce début des années 60, on la trouverait aisément dans l'itinéraire d'un jeune écrivain du nom de Philippe Sollers. En 1958, il a publié un premier roman : *Une curieuse solitude,* classique histoire d'une éducation sentimentale en province, saluée par la critique traditionnelle et notamment par deux parrains prestigieux (Aragon et François Mauriac) qui promettent la gloire à ce débutant si manifestement doué. Saisissant l'air du temps, Philippe Sollers renie purement et simplement son enfant et fait paraître en 1961 un nouveau roman : *Le Parc* dans lequel Jacques Brenner voit avec juste raison un « pastiche » de Robbe-Grillet. Qu'importe, son billet de passage pour la modernité en poche, Sollers va maintenant pouvoir voguer, à la tête de la revue *Tel Quel* vers la brillante et cahotante carrière parisienne que l'on sait. *Tel Quel,* dont le premier numéro paraît au printemps 1960, à l'initiative de six jeunes écrivains, anciens camarades de classe, et notamment, outre Philippe Sollers, Jean-René Huguenin qui se tuera peu après en automobile et Jean Edern Hallier.

Dans ce numéro 1, si le « menu » est encore mélangé, Sollers s'y essaie déjà cependant à sa nouvelle manière et l'on trouve au sommaire la signature de deux représentants du « Nouveau Roman » : Claude Simon et Jean Thibaudeau. C'est dire qu'il ne se passera guère de temps, sans même attendre la période maoïste de l'après-68, pour que soit trahie la déclaration liminaire qui proclame : ... *Les idéologues ont suffisamment régné sur l'expression pour que celle-ci se permette enfin de leur fausser compagnie, de ne plus s'occuper que d'elle-même, de sa fatalité et de ses règles particulières.*

Cette période sombre, marquée par l'impérialisme du « Nouveau Roman » (sombre à condition d'oublier qu'au moment où les cuistres annoncent la fin du roman classique il reste à venir des œuvres de Giono, Queneau, Vailland et quelques autres !), un Bernard Frank, il est vrai, l'avait vu venir dès 1956 ainsi qu'en témoigne son pamphlet : *Le dernier des Mohicans.* N'écrivait-il pas en effet, magnifiquement, parlant de Robbe-Grillet et ses amis : *« Il me déplaît qu'un tempérament se métamorphose en dictature littéraire, tente de se faire passer pour l'unique chance de la littérature, surtout lorsque ce tempérament est maigre et somme toute ne s'est exprimé jusqu'ici dans aucun bon livre? »* Et encore : *« Allons! séchons nos larmes, prenons patience, les néo-marxistes tendance " I like Robbe-Grillet " n'ont pas encore tout à fait mis au point leur super-roman sans talent, sans subjectivité, sans écrivain. »*

Ils essaieront pourtant. Mais si la vie abandonne, au moins provisoirement, le roman (qui en perd ses couleurs, devient étique, traverse ce qu'un critique baptisera « une cure d'amaigrissement » : de ces cures qui laissent le patient au bord du coma) elle se réfugie ailleurs. Dans les films de Godard, certes, qui en éclatent de partout. Dans la peinture aussi. De l'autre côté de l'Atlantique, de jeunes artistes réagissent contre le règne de l'expressionnisme abstrait et inventent ce qu'on va appeler le *Pop'art.* Mais cela la France ne le saura que dans quelques années, vers le milieu de la décennie. Elle vit à l'heure des *Nouveaux Réalistes,* un groupe qui a publié son premier manifeste en avril 1960 et qui ne partage guère avec les artistes pop américains que d'apparaître au même moment, d'exprimer lui aussi une forme de rejet de l'abstraction et – au moins pour certains de ses membres – d'entretenir une dilection pour les objets manufacturés et les déchets de la société industrielle. (En font partie notamment : Yves Klein, le « monochrome » qui pousse l'abstraction dans ses derniers retranchements; Arman, « l'accumulateur » d'objets insolites; Martial Raysse, dont l'imagerie est assez proche du pop; etc.)

Pendant ce temps, à New York, Claes Oldenburg clame – nous sommes en 1961 : *« Je suis pour l'art des pompes à essence, rouges et blanches, et des enseignes au néon... ».* Et en effet, le néon, le formica, le chrome, les matières plastiques, les réfrigérateurs, les hot-dogs, les stations-service, l'effigie de Marilyn Monroe ou celle d'Elvis Presley font brutalement irruption dans les œuvres de ces enfants de Duchamp et de Coca-Cola qui ont noms : Rauschenberg, Jasper Johns, Andy Warhol, Claes Oldenburg, James Rosenquist, Tom Wesselmann, Roy Lichtenstein...

« Le pop'art est attentif au monde » précise Lichtenstein, celui que *Life* désigne alors comme *« le plus mauvais artiste des États-Unis »,* Roy Lichtenstein « l'homme des BD », celui qui fait entrer la bande dessinée dans la peinture par la grande porte, agrandissant démesurément telle ou telle image isolée des plus célèbres « comic'books ». Roy Lichtens-

Lichtenstein (Coll. Giffwiff).

tein, dont l'œuvre inspirera ce raccourci audacieux à la sociologue Evelyne Sullerot parlant devant le Ier Congrès international des Bandes dessinées à Bordighera (Italie) en février 1965 : *« Le pop art est en train de naître des bandes dessinées. »*

Car, en effet, le début des années 60 marque aussi pour la BD le début de sa reconnaissance par la classe cultivée comme moyen d'expression à part entière. En 1962 est fondé le Club des Bandes dessinées qui devient très vite le sérieux CELEG : Centre d'étude des littératures d'expression graphique, et sera à l'origine du salon de Bordighera. Si l'on retrouve Alain Resnais parmi les membres du CELEG, Francis Lacassin, son animateur, affirme à l'époque qu'on y trouve encore aussi bien des rédacteurs des *Cahiers du Cinéma* que de *Positif*, le directeur de *Salut les copains* que des journalistes du *Monde* et même... un membre de l'Académie française ! Bel exemple de communion au sein de la « culture de masse », ce phénomène nouveau auquel le sociologue Edgar Morin consacre en 1962 un essai : *L'Esprit du temps*, culture de masse dont, écrit-il, *James Dean fut le Shelley.*

Bibliographie :

Jean-Luc Godard par Jean-Luc Godard (Éditions Pierre Belfond).
Sur un art ignoré, de Michel Mourlet (La Table Ronde).
Le dernier des Mohicans, de Bernard Frank (Fasquelle).
Histoire de la littérature française contemporaine, de Jacques Brenner (Fayard).
Pop Art, de Lucy R. Lippard (Fernand Hazan).
et aussi
Les Cahiers du Cinéma, Positif, Présence du Cinéma, Premier plan, Les Lettres nouvelles, Tel Quel, Esprit...

Bernard Le Saux est journaliste aux *Nouvelles Littéraires.*

LEVI STRAUSS

ANDRÉ CLAVEL

Lévi-Strauss (Claude) : *Ethnologue célèbre des années 60 qui introduisit l'analyse structurale dans les sciences humaines.*

Lévi-Strauss (& co) : *Pantalon célèbre des années 60 qui habilla d'un air de far-west et de révolution les combattants de mai 68. Dit* levi's.

1. Début des années 60 : alors que l'histoire s'installe dans l'inertie de l'ère gaullienne et que cent vingt et un intellectuels publient une « déclaration sur le droit à l'insoumission dans la Guerre d'Algérie », ceux qui ont vingt ans à ce moment-là décident, eux aussi, de ne plus continuer à râper leurs fonds de culottes dans les écoles de papa-maman. Ils veulent du nouveau. De la rupture. Plus qu'un conflit de génération : un refus d'hériter.

En guise de drapeau, ils arborent la toile bleutée qu'ils portent à la taille serrée : le jean devient l'emblème des nouveaux affranchis et ne se trouve pas encore dans les grandes surfaces. Le jean, ou plutôt le *levi's,* braguette provocatrice et dégaine froissée, coup porté aux valeurs trop bien repassées dans les amidons du passé. Table rase dans la garde-robe : symbole des marginalités blanchi et reblanchi sous les fureurs des détergents, le *levi's* javellise l'espace social et mental. Il inaugure la grande lessive des idéologies de ce temps-là, morales, éthiques et philosophies mêlées. Bref, il se porte *cassant.*

2. Début des années 60 : ceux qu'on attendait, les Malraux et les Camus, les Sartre et les Bachelard, sont de la revue. Ils ne font plus la une. Ça va être le grand chambard. En quelques années, la pensée elle aussi va se porter *cassante.* Les médias à l'appui, une flottille de nouveaux intellos viendra se mobiliser contre ce qui faisait fureur pendant la décennie précédente, et qui fit en passant le prestige de la France : phé-

noménologie, personnalisme, existentialisme, tout cela va prendre un incroyable coup de vieux.

3. Même s'ils ne portent pas encore le *levi's*, s'ils font à leurs pensées des plis compliqués comme des cocottes en papier, les nouveaux gourous de la table rase intellectuelle refusent intégralement d'hériter : on dépiaute, on démonte. Dans les anciens systèmes rendus caducs en quelques préfaces et en quelques offices de librairie, on dénonce le « refoulé » ou l'« impensé », on met à vif les compromissions idéologiques. Partout on « déconstruit », et ce mot inventé par Derrida fait fortune au sommaire des revues grimpantes du moment, de *Critique* aux *Cahiers*.

4. Jacques Lacan, aux *Lettres françaises*, en décembre 1966 : *« Si Sartre a permis à la société française de se recoiffer, ce n'est pas là une succession qu'il y ait lieu d'ouvrir, et pour ce qui est de sa pensée, elle est précisément de celles à qui je ne dois rien. »*

Voilà un seul exemple, mais qui fait symptôme d'un courant de pensée qui voulut voir du symptôme partout, et de la maladie en tous endroits. Au box office des années 60, entre les séminaristes de chez Lacan et les polars de la rue d'Ulm qui fauchent les idées *in* chez Maspero, il court une formule-choc, glaciale, qui vous scalpe dans vos élans, vous démasque et vous déculotte : la « lecture symptomale », radiographie d'autant plus terrible qu'elle emballe ses invectives dans le très rude cartonnage de la « scientificité », autre amulette de l'époque, le tout sur un fond politique qu'il serait mal venu de snober : les *Pensées* de Mao qui, dans le prêt-à-penser parisien, deviendront la pensée-mao-tsé-toung.

Formulette très années 60 : tu ne me vois pas d'où je te regarde.

5. Lévi-Strauss, Foucault, Lacan, Barthes, les aficionados de la matière grise forment quadrille autour d'un tapis vert qui porte un nom curieux : *structuralisme*. On ne les appelle pas encore la bande des quatre, et Althusser n'est pas déjà le cinquième d'Artagnan, mais c'est tout comme. Quelques livres lumineux et réellement neufs, de pleines pages dans la *Quinzaine* ou les *Lettres françaises* qu'on découpe soigneusement pour éviter d'en lire plus, un numéro spécial d'*Esprit*, voilà pour le lancement des larrons de la structure.

Un dessin de Maurice Henry, *Le déjeuner des structuralistes,* les coulera dans le bronze immortel de la décennie : Foucault, comme toujours, tient le crachoir, crâne pelé et torse nu; Lacan se planque derrière l'éternel nœud pap'qui lui colle à la gorge autant que l'inconscient-structuré-comme-un-langage ou que l'objet-petit-a; Lévi-Strauss loin encore de l'Académie française promène l'écaille de ses grosses lunettes sur quelque tatouage *caduveo* qu'il rendra, dans les pages géniales de l'*Anthropologie Structurale,* plus populaire et presque plus national que le rouge à lèvres de Bardot; quant à Barthes, grisonnant déjà, on le devine rêveur, un peu exclu, lui qui n'a fait que passer et chercher ailleurs.

6. Une partie carrée, donc, pour faire une tête au carré aux vieilles tronches des antiques pensées. A tout ce qui date d'avant, et qu'il faudra foutre en l'air. Ou plutôt : à presque tout. Car il y aura quand même quelques rescapés. Une fois de plus ils sont quatre à gravir le lourd escabeau : Marx, Freud, Nietzsche, Saussure. Tout étudiant lit au moins les dix premières pages du *Capital* revu et corrigé dans les polycops des *Cahiers pour l'analyse,* achète *La Généalogie de la morale* fraîche émoulue dans la select collection « Idées » de Gallimard, se gratouille pour cent sous l'inconscient avec *L'introduction à la psychanalyse* qui vient de paraître dans la « petite bibliothèque Payot », promène dans sa sacoche la couverture bleue du *Cours de linguistique générale...*

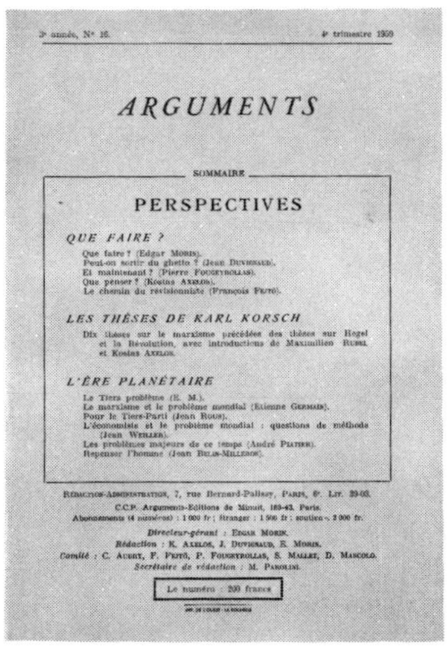
3e année, N° 16. 4e trimestre 1959

ARGUMENTS

SOMMAIRE

PERSPECTIVES

QUE FAIRE ?

Que faire ? (Edgar Morin).
Peut-on sortir du ghetto ? (Jean Duvignaud).
Et maintenant ? (Pierre Fougeyrollas).
Que penser ? (Kostas Axelos).
Le chemin du révisionniste (François Fejtö).

LES THÈSES DE KARL KORSCH

Dix thèses sur le marxisme précédées des thèses sur Hegel et la Révolution, avec introductions de Maximilien Rubel et Kostas Axelos.

L'ÈRE PLANÉTAIRE

Le Tiers problème (E. M.).
Le marxisme et le problème mondial (Etienne Germain).
Pour le Tiers-Parti (Jean Rous).
L'économiste et le problème mondial : questions de méthode (Jean Weiller).
Les problèmes majeurs de ce temps (André Piatier).
Repenser l'homme (Jean Belin-Milleron).

Rédaction-Administration, 7, rue Bernard-Palissy, Paris, 6e. Lit. 29-03.
C.C.P. Arguments-Editions de Minuit, 180-43, Paris.
Abonnements (4 numéros) : 1 000 fr ; étranger : 1 500 fr ; soutien : 3 000 fr.
Directeur-gérant : Edgar Morin.
Rédaction : K. Axelos, J. Duvignaud, E. Morin.
Comité : C. Audry, F. Fejtö, P. Fougeyrollas, S. Mallet, D. Mascolo.
Secrétaire de rédaction : M. Parolini.

Le numéro : 200 francs

7. Cela dit, si les années 60 se cherchent des ancêtres, il ne s'agit pas pour elles d'hériter, mais d'opposer les choses, de casser les systèmes, de les renvoyer dos à dos ou d'établir des ruptures. Ainsi Barthes *relit* Racine contre un certain Racine, au grand dam de M. Picard qui du coup devient célèbre. Lacan *relit* Freud à grandes envolées de serpillière et l'arrache à toute la tradition freudienne en qui il ne voit qu'obscurités. Deleuze *relit* Nietzsche en envoyant au diable des mètres de rayonnages exégétiques. Jusqu'à Pleynet qui s'en mêle, lui qui veut tonsurer à neuf Lautréamont.

Mais on va encore plus loin : on charcute à l'intérieur des systèmes du passé à grands coups de coutelas théoriques. Le panache revient à Althusser, qui coupe littéralement le bon Marx en deux. Sa serpette porte un nom qui a fait saliver toute une génération de jeunes communistes, elle s'appelle, bénie soit-elle, « coupure épistémologique » : d'un côté, le jeune Marx plutôt ringard; de l'autre, le Marx vrai de vrai détartré dans les cellules de la « scientificité », ce mot sacré que certains prononcent comme s'ils avaient un critérium dans l'anus. Même chose pour Saussure : à lui tout seul, il forme la paire. Il y a le fou et le savant, le Saussure des anagrammes et celui des linguistes. Quant à Foucault, il désosse la mappemonde de notre savoir et y repère de grandes ruptures, de grandes discontinuités. Même la décennie sera coupée en deux : l'avant-mai, et l'après.

8. Aussi cassant que la toile revêche des *levi's* à peine dégrossis, aussi cassant que la tranche mal encollée des premiers *10-18* que les étudiants disposent savamment entre coca et déca pour mieux se décalquer sur les idées fortes de l'heure (*L'érotisme* de Bataille, l'*Histoire de la folie* de Foucault, *Tristes tropiques* de Lévi-Strauss paraissent dans cette collection), le structuralisme des années 60 va donc rompre avec tout ce qui chevillait les philosophies d'avant. Et cela au moins sur trois fronts.

Un : démantibuler le vieux mythe de l'histoire et, avec lui, les idéologies du progrès.

Deux : évacuer le vécu cher au vieil homme Sartre. Provocation de la première phrase de *Tristes tropiques : « Je hais les voyages et les explorateurs. »* Et plus loin : *« Pour atteindre le réel, il faut d'abord répudier le vécu. »*

Trois : en finir avec l'humanisme, avec le mythe tenace de la primauté de l'homme-soleil. Rompre avec la métaphysique anthropocentrique. Au fronton des années 60, mille et mille fois noircie au crayon, plus usée qu'un fond de *levi's,* voici la chute granitique des *Mots et les Choses,* pour toujours gravée sur l'écorce tendre de nos mémoires : *« L'homme est une invention dont l'archéologie de notre pensée montre aisément la date récente. Et peut-être la fin prochaine. »*

9. Ce sont, chez Gallimard, les riches heures de la blême *Bibliothèque des Sciences humaines,* snobe entre toutes à l'étalage, plus prestigieuse qu'une calandre de Rolls. Pas très loin, au Seuil, on publie plus d'une vedette, de Lacan à Barthes.

10. Les années 60, ou la mort de la dialectique : tandis qu'on titille les sciences de l'homme pour mieux zigouiller l'homme, le struc-

turalisme fait le vide. C'est l'ère des degrés zéros. En tête des assaillants : Lévi-Strauss. Avec lui, la philosophie se dépolitise à toute allure : elle invalide toutes les visions progressistes du devenir. Voilà qui fait écho aux désirs des jeunes générations, qui s'engagent dans une critique de plus en plus violente du discours politique et politicard. Mai 68 n'est pas loin, et proche l'incandescence du *Traité de savoir-vivre à l'usage des jeunes générations* de Vaneigem : ce sera le refus de toute gestion politicienne du temps et de l'espace. Grande question des années 60 : comment faire pour être politiquement a-politique?

*
* *

11. Taillé et piqué standard, le *levi's* est une forme vide. Rien de flottant : du moulant. Une dégaine gainée. C'est la matrice invariante dans laquelle se régulent les différences entre les corps.

12. Or qu'est-ce qu'une *structure?* C'est une « régulation des différences », dit Lévi-Strauss. Un moule vide. Le structuralisme est à la pensée ce que le jean est à la garde-robe, et Claude Lévi-Strauss est au structuralisme ce que le *levi's* est au jean.

13. L'œuvre de Lévi-Strauss se diffuse surtout à partir des années 55-60. D'abord limité à l'ethnologie, son travail a permis d'aller bien plus loin et de penser autrement l'ensemble des sciences humaines.

14. Grand manitou du structuralisme, Lévi-Strauss donne à la notion de *structure* son universalité triomphante. Il en fait le Sésame de la décennie. Jamais concept n'a connu tel pouvoir. Il faut dire deux mots de son usage.

Toute société est une constellation kaléidoscopique d'images et d'attitudes, de croyances et de rites – qu'il s'agisse des sociétés archaïques ou des sociétés modernes. Pour comprendre un tel réseau, pour saisir la grille mouvante des identifications et des différenciations qu'il met en jeu, il a fallu que les anthropologues inventent une méthodologie qui plaque sur tout cela un regard à la fois souple et englobant, microscopique et panoramique. Un regard assez myope pour percevoir le grain le plus fin du canevas social, mais aussi assez synthétique pour circuler sous les mailles et faire apparaître les motifs cachés : la

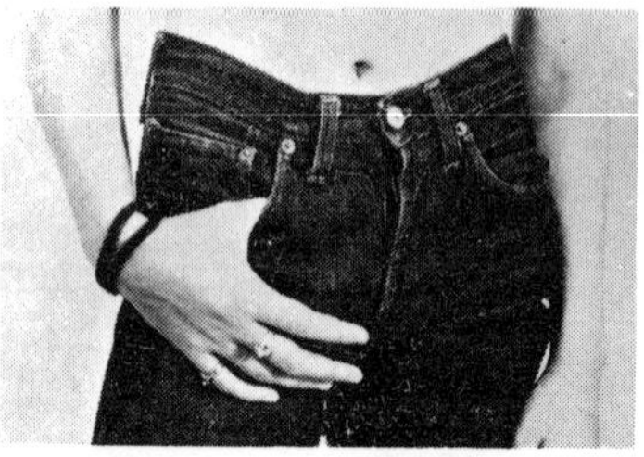

notion lévi-straussienne de *structure* permet précisément de répondre à cette ambition. Au lieu d'isoler les phénomènes humains, elle les renvoie les uns aux autres selon des régularités et des symétries discernables. Elle les explique en les comparant ou en les opposant, à la manière d'un jeu d'échecs. La *structure,* c'est l'invariant qui intègre les variables en une gymnastique infinie : une sorte de traduction généralisée et simultanée de toutes les activités humaines.

15. D'où son efficacité, et son incroyable prestige. Grâce à cette pince multi-prises, les intellectuels des années 60 peuvent soudain retrouver l'image dans le tapis, le cadastre sous la poussière des phénomènes. Enfin se réalise le vieux fantasme de la connaissance : tamiser la polyphonie du monde dans l'espace restreint d'un creuset unique. Et tout comprendre.

16. Chez Lévi-Strauss, la *structure* est un glissement du particulier au général, de la culture à la nature. Hyperculturel, le *levi's* lui aussi dérape vers la nature : un retour bucolique au far-west écolo.

17. Navette : tandis que l'*Anthropologie Structurale* « civilise » les sauvages d'Amérique à coup de graphes et de tropes, le *levi's* ensauvage et enrage les urbanismes policés des années 60.

18. Ainsi, le structuralisme est une pensée de l'épissure. Un change. Il transforme les valeurs d'usage en valeurs d'échange, branchant tout à tout. Même sort pour le *levi's :* il circule entre les corps en les regroupant sous le galbe unique d'un grand mannequin collectif. Il s'épelle comme valeur d'échange tout en diffusant de l'identité, à la manière de la société « permutante » dont il est le label : identité des sexes, des formes, des couleurs, des postures.

19. Autre air de famille : l'univers des surfaces. Le structuralisme couche la densité turbulente des sociétés dans l'espace plat d'une lecture qui procède par coupes horizontales et par agencements cutanés : un jeu de dominos. Quant au *levi's,* son étoffe granuleuse invite au toucher, à la caresse : une épidermie généralisée, impeccable réplique à l'imaginaire galvanisé et étamé des années 60.

20. Le structuralisme est le reflet idéologique de la décennie. Au moins pour trois raisons : à la hantise taxinomique de Lévi-Strauss,

nos sociétés répondent en accumulant d'interminables inventaires de signes et d'objets; à son refus de l'histoire, elles tendent le miroir de leurs politiques stagnantes; enfin, si le structuralisme se définit par l'hyper-sophistication de ses outils, l'Occident, lui aussi, découvre le terrible pouvoir de ceux qu'on nommera les technocrates.

***

21. Raideur bleutée du *levi's,* qui semble porter à la genouillère la majesté ankylosée des grands canyons...

22. Raideur empesée du structuralisme. Parfaite rigueur des premiers livres de Lévi-Strauss : *Les Structures élémentaires de la parenté, Tristes tropiques, Anthropologie structurale, La Pensée sauvage,* les quatre volumes des *Mythologiques.* Introduction de l'ordinateur et du tire-ligne dans l'Amazonie cuivrée des sociétés archaïques...

23. Raideur de la batterie conceptuelle des années 60, tendue et tramée comme un filet à papillons : plus d'une cigale s'y laisse prendre. S'il ne fallait retenir qu'une chose de la décennie, ce serait celle-ci : ça théorise à n'en plus finir, spéculation du spéculatif. Ça théorise et ça terrorise : *thérrorie.* Thermidor dans l'histoire des idées.

24. C'est le temps des dichotomies fortes, des découpages tranchés et des mots d'ordre plus tape-à-l'œil que des coutures de *levi's.* On balise le territoire mental de termes-miradors. Les timides eux aussi balisent.

25. On aimerait imaginer un jeu de familles à l'usage des années 60. *Famille Linguistica :* les frères ennemis synchronie-diachronie, la doublette métaphore-métonymie, le tandem paradigme-et-syntagme. Leur chaumière : le Collège de France et les Hautes Études, qui affichent bondé entre deux piles de la revue *Communication.*

Famille Libidina : la triplette réel-imaginaire-symbolique, et ça parle, ça trope, ça étripe, ça topique. Avec la bénédiction de *Scilicet* et du Docteur Lacan, l'Agha Khan du divan.

Famille Épistémè : les cousins-cousines mathésis et taxinomie, la triple vestale logocentrisme – déconstruction – archéologie, la pimbêche grammatologie, le tout entre Cerisy, l'École Normale et la librairie La Hune.

26. Durant les années 60, la terreur que chacun fait peser sur chacun se double d'une autre pétoche : passer pour un réviso. Au loin, en Père Fouettard omniscient, Sollers résume à lui seul la décennie et déculotte en public Jean-Pierre Faye qui, du coup, fonde *Change*. C'est la belle époque des manifestes musclés trempés dans l'acier maoïste. Sur les gradins, le boul mich' se régale et compte les points en se passant sous le manteau les larges pages de *La Gazette de Lausanne,* très dans le vent.

27. L'impérialisme théorique est si fort qu'il déborde le parking réservé aux essais. Peintres, cinéastes, romanciers des années 60, tous se doivent d'être aussi des théoriciens. Ainsi la fiction se ravale la façade avec des mortiers discursifs. On ne sait plus si on lit des romans ou des essais sur le roman. Dans les corsages légers de l'imagination d'antan, on glisse de rigides baleines logico-théorico-philosophico. Gros est le calibre, nombreux les perroquets.

28. Ce qui fait ringard : la biographie, l'imagination, la création, le moi, le réalisme, raconter des histoires.

29. C'est le grand pied de la critique littéraire. Elle devient un huitième art, Barthes à la proue, tous derrière et lui devant. Le xxe siècle entre dans sa phase *méta :* le discours sur le discours fait recette, tout langage se double d'un métalangage tandis que les sibylles se livrent avec le mode d'emploi. Au gâteau, on préfère généralement la recette. On ne peut pas pousser la porte d'une librairie sans saucissonner le Texte en rondelles de Signifiants. Formalisme et matérialisme battent leur plein ou leur vide sous les flonflons des majorettes freudologie et marxomanie. Tout le monde annote *Le Degré zéro de l'écriture,* se came avec les Formalistes russes ou le Cercle de Prague. On ne lit plus la littérature, on potasse les commentaires : personne n'a ouvert *Sarrazine* de Balzac, mais tout le monde connaît ce que Barthes en a dit dans *S/Z*. Peu à peu, le gros tabou de la Science grignote la littérature. Au programme : Lautréamont, Artaud, Bataille, Sade, Mallarmé. Sollers « traverse » l'écriture et brandit l'« effet-Sade », Derrida écrit « différance » avec un petit a, Pleynet ne dit plus « création » mais « pro-

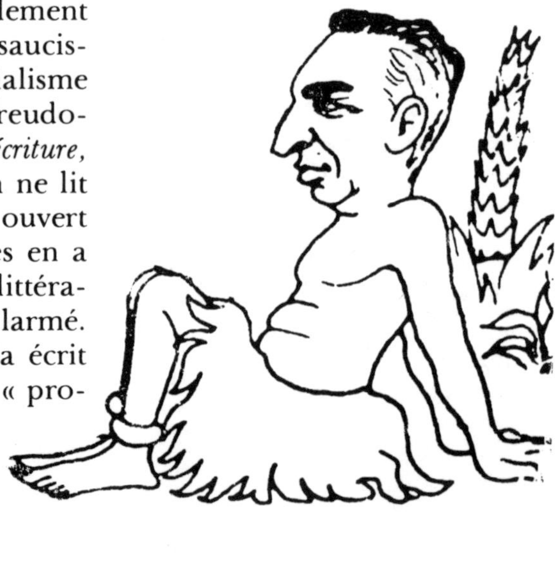

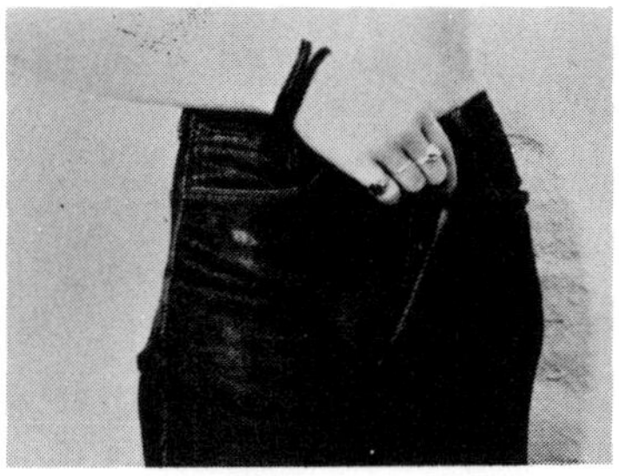

duction signifiante », Julia Kristeva projette d'écrire une *« approche sémiotique d'une structure discursive transformationnelle »* et Jean Ricardou pose ses lunettes noires de soudeur sur les tubulures textuelles de Robbe-Grillet. L'écrivain est mort, vive le scripteur!

30. Pendant ce temps, dans *Eden Eden Eden,* Guyotat le scandaleux bénit son *levi's* à grandes giclées de sperme et l'immortalise en objet littéraire.

*
* *

31. Coutures, rivets, rustines, le *levi's* affiche les stigmates de sa fabrique, déménage l'arrière-boutique côté rue et trimbale la couturière sur le trottoir.

32. Les années 60, elles aussi, ont les poutres apparentes. Exemple : la « mise en abîme », cette tarte à la crème du Nouveau Roman. Pour faire très *in,* il faut que l'écrivain explique comment il a pondu son bouquin, fasse état de ses brouillons, se montre en salopette, retire de la poubelle ratures et gommages, maquille les muses en prolétaires de la page blanche. Il n'écrit plus, il écrit qu'il écrit qu'il écrit. Ainsi la décade restera pour avoir atteint les plus hauts sommets du narcissisme.

33. Autant que le *levi's,* les années 60 ont le sexe à jour. On bouquine à braguettes ouvertes, sado-freudisme à la rescousse. Le discours sexuel devient une monnaie stable sur les comptoirs où voltigent tabous et interdits. La libido offre soudain un continent vierge aux commerces de la parole et de l'analyse. Le divan commence à être à la mode.

34. Mythologie qui vient d'ailleurs, le *levi's* ne connaît pas de frontières. Rêves d'exotismes élimés et de bourlingues râpées : une fantasmatique importée des vastes espaces yankee.

35. Curieux mimétisme : le structuralisme lui aussi est un produit d'importation. Lieu d'origine : la linguistique saussurienne. On la pille, on la grappille, et pas un intello de la décade n'ignore ces deux gros robinets à discours que sont le *signifiant* et *le signifié.* Tout étudiant qui veut pouvoir la ramener se doit de s'inscrire au certif de linguistique. Ainsi, à une époque où la France se décolonise, la pensée, elle, est colonisée par l'impérialisme des sciences du langage.

36. En quelques mois, on tire-bouchonne la linguistique dans tous les sommaires. Intuition géniale des années 60 : avoir compris que tout est langage, des mythes indiens à la pub Astra. La meute sémiologique est lâchée.

37. Lévi-Strauss en tête, la bande des quatre fait de fréquentes excursions dans Saussure. Elle lui doit d'avoir compris ce qu'est une *structure :* un jeu d'échecs dans lequel les pièces prennent leur sens de la relation, de la rhapsodie. D'où le grand tic : voir comment *ça fonctionne.*

38. Donc on classe, on articule, on aligne les listes. Comme dit Lévi-Strauss, la philosophie se limite au bricolage, au ras des pâquerettes sur la paillasse des labos. Pour l'avenir de la pensée, la mutation est capitale : ce qui s'écroule, c'est l'antique tradition qui faisait de l'intellectuel un méditatif. Les années 60 le préfèrent archiviste. Socrate détrôné par Pécuchet. Opéra cartonné des fichiers et des répertoires.

39. Froc groupiste et groupusculaire, le *levi's* implique la horde, le monôme. *Idem* pour les sixties, qui ne semblent avoir connu de théories et de philosophies que collectives. Tout ce qui s'est inventé l'a été au nom de groupes ou de pelotons : les structuralistes, les avant-gardes, les comités de rédaction, les écoles, les séminaires... C'est la découverte du pluriel, une sorte de kolkhoze des travailleurs de l'occiput. Hier cloîtré dans sa turne, l'intellectuel entre en coopérative. Il n'est plus un misanthrope, mais un dévot qui salive devant la couverture de sa collection préférée comme un poilu sous le drapeau.

A propos des avant-gardes : la décennie marque leur apogée et leur agonie. A partir de 1970, elles vont être récupérées par le marketing éditorial qui leur fauchera l'herbe sous les pieds en les transformant en institutions officielles.

40. Maladie infantile des années 60, exact revers du terrorisme : l'idolâtrie. Le culte des stars, dans un univers d'images et de gros titres.

*
* *

41. Sur la piste de nos Orénoques oniriques, le *levi's* est le *signe* par excellence. Il est un langage. Qu'il nous emmaillote est secondaire : il nous parle, dans une société qui est celle du spectacle permanent.

42. Donc il est plus lisible que visible. Avec lui, les années 60 découvrent qu'elles sont bourrées de signes, et elles inventent les sorciers qui les décryptent. Ils s'appellent sémiologues.

43. Barthes est le virtuose. Sa baguette se nomme *connotation :* une sorte d'hameçon qui épingle les multiples significations qui se cachent derrière nos paroles et nos objets, nos gestes et nos rites. Et tout bon intellectuel de la décennie ne peut plus manger son steak-frites ni déboucher son after-shave sans s'épier au judas de son propre voyeurisme. Les sémiologues deviennent les détectives de la vie quotidienne : c'est le temps du grand soupçon.

44. Barthes a vite son petit monde de groupies. Il va être très copié, le mimétisme étant aussi une des manies du temps. On lit ses *Mythologies* et son *Système de la mode,* un livre à qui il est de bon ton de faire prendre l'air aux terrasses.

45. Barthes n'a pas parlé du *levi's* mais il aurait pu. Il pimente le cru théorique de nectars inattendus. D'un match de catch il fait une tragédie moderne, il enfourche le Tour de France au guidon de l'épopée, soulève le capot de la DS comme les jupes d'Aphrodite, élève la Blancheur Persil vers des euphories spirituelles, voit dans la barbe de l'abbé Pierre un avatar de la sainteté. De la matière plastique, des photos de *Match,* de la publicité, du vêtement, de la nourriture, il fait des spectacles à déchiffrer. Avec Barthes, l'anodin passe à la postérité, le plomb se transmue en or. C'est cela aussi, la décennie : une célébration de la sornette.

46. Qu'il parle du cardigan ou de Balzac, de « matrice » ou de « lexie », Barthes invente une méthode presque universelle : travailler sous le tissu ou sous le texte, dégager des unités minimales, des oppositions ou des inclusions. Dresser des axes, découdre et recoudre. C'est l'analyse structurale en personne.

47. Pour Barthes, la société française est une pépinière de signes, dont il s'agit de découvrir la syntaxe invisible : débusquer l'artifice derrière l'évidence. Personne mieux que Barthes n'a su montrer que tout est langage, code, semblance. Là où l'air du temps met de la spontanéité, il découvre le cliché et dénonce le stéréotype.

48. La sémiologie est donc parfaitement politique. La cible? L'idéologie petite-bourgeoise de la décade. Barthes la démystifie en expliquant que sa ruse suprême consiste à s'afficher comme un fait de nature alors qu'elle n'est que le privilège arbitraire d'une classe sociale. On comprend alors que rien ne va de soi, que le naturel cache un parti-pris. Bluff, parade, frime, les années 60 deviennent un théâtre d'illusion que démasquent les sémiologues.

49. Iconoclaste, la sémiologie exprime la revanche des intellectuels contre la tyrannie des idéologues et des hommes de pouvoir.

50. Si les années 50 mettent l'homme au centre de leurs discours, les années 60, elles, marquent le siècle pour avoir imaginé une phénoménologie du monde silencieux. Elles rendent la parole au continent aphasique des choses et des objets, des signes et des images. Cela commence avec *Les Choses* de Perec, culmine avec Barthes et touche à sa pâmoison avec *Le Système des objets* de Baudrillard, un essai qui doit figurer dans toute bonne serviette des sixties.

* * *

51. 1969 – Année érotique de Gainsbourg, de Gaulle s'en va, Pompidou s'en vient. Paru au Seuil, *Qu'est-ce que le structuralisme?* résume la décade.

52. 1968 – Événements de Prague. Cerisiers et étudiants s'empourprent. PCF s'écrit P"C"F. Mort symbolique des sixties. On s'éloigne des structuralistes et l'on édite les anars du désir : Reich, Marcuse, Vaneigem, Deleuze.

53. 1967 – Assassinat du Che, guerre des Six Jours, manifestes situationnistes (on dit situ). Derrida sort sa très smart *Grammatologie*.

54. 1966 – Procès Siniavski-Daniel, napalm au Vietnam, Petit Livre rouge en Chine. Grand cru structuraliste : *Critique et Vérité* de Barthes, *Les Mots et les Choses* de Foucault, les *Écrits* de Lacan.

(Photos Bleton)

55. 1965 – Enlèvement de Ben Barka, assassinat de Malcom X,

Maurice Henry, le déjeuner des structuralistes.

M. Foucault, J. Lacan, C. Lévi-Strauss, R. Barthes.

de Gaulle réélu. Année Althusser : *Pour Marx* et *Lire le Capital.* Sur la touche, Aragon publie *La mise à mort. Pierrot le fou* de Godard.

56. 1964 – Terreur à Chypre, au Brésil, au Laos, au Congo. Lacan fonde l'École freudienne. Barthes publie ses *Essais Critiques* et Lévi-Strauss le début de ses *Mythologiques.*

57. 1963 – Chinois et Russes s'insultent, assassinat de Kennedy, *Essais de linguistique générale* de Jakobson. Sartre publie *Les mots* mais le courant passe mal.

56. 1962 – Manifestations anti-OAS, *La Pensée sauvage* de Lévi-Strauss.

59. 1961 – Gagarine dans l'espace, putsch d'Alger, *Histoire de la folie à l'âge classique* de Foucault.

60. 1960 – La France est toujours colonialiste et pas encore structuraliste. Mais les sixties sont bien parties : elles tiennent déjà le large, sous la grande voile carrée de *Tel Quel,* la revue numéro un qui fait son premier numéro.

André CLAVEL est enseignant et critique aux *Nouvelles Littéraires* et au *Journal de Genève.*

Je me souviens

Je me souviens d'avoir vécu en huit jours ce qu'on appelle un changement de génération. Les années 60 ont commencé un jour précis, celui de la paix en Algérie. Du soir au lendemain exit Sartre, entre Lévi Strauss. Alors qu'on avait été obnubilé par la guerre d'Algérie, qu'on ne parlait que de ça, qu'on faisait une manif toutes les semaines, huit jours après plus personne n'en parlait, parce que c'était un faux problème, je veux dire un problème aberrant pour la société française. La France s'était développée, s'était enrichie, s'était industrialisée, mais on ne voyait pas ça, le sens était ailleurs, le sens était en Indochine, le sens était en Algérie. Les Français de gauche n'ont vécu leur société que pour autrui, nous étions prisonniers de notre propre colonisation.

Je me souviens que le monde intellectuel était justifié par son opposition, ce fut la grande période de l'intelligentsia, car le monde du politique c'était le mal et en même temps les choses allaient si bien qu'on n'avait pas à prendre en charge l'avenir, ou à répondre à des questions bassement matérielles. De même que les hauts fonctionnaires ont remplacé la classe dirigeante sous la Quatrième, les intellectuels ont remplacé la Gauche sous cette partie de la Cinquième. Ils étaient le Droit, ils étaient la Vérité et je crois que la vie des sciences sociales n'est pas séparable de ce règne de l'intelligentsia. Pour dire les choses très honnêtement, du plus grand au plus petit, tous ont eu une totale bonne conscience pendant cette période; on était les Justes, l'histoire ne nous forçait pas à parler franchement, on n'était jamais totalement forcé de choisir. Le communisme c'était l'avenir du monde, mais on savait aussi que c'était les camps de concentration; et entre le soleil et l'ombre on passait dans la fraîcheur. C'est ça qu'on appelait les intellectuels de gauche.

Je me souviens du jour où j'ai décidé d'aller à Nanterre. J'avais été invité à participer à une soutenance de thèse et j'étais dans la salle du Conseil, au dernier étage. J'étais arrivé en avance et je vis la Défense et, très loin, Paris. C'était en 65, et j'ai eu un coup au cœur, parce que c'était le rêve du sociologue, c'est-à-dire soulever la peau de la société pour voir ce qu'il y a dessous... Je voyais Paris à l'envers, les terrains vagues, le grand bidonville de Nanterre, et puis la Défense avec ses chantiers au milieu desquels était enfoui le grand voile de béton du CNIT. Plus loin j'imaginais l'avenue de la Grande-Armée, les Champs Élysées. J'ai toujours pensé que c'était ça, la sociologie, voir ce qu'on ne montre pas, ce qui est caché. Là, c'était Paris secret, l'indicible, pire que la banlieue, l'anti-Paris. Et puis cette faculté horrible, c'était l'anti-Sorbonne. A Nanterre, nous avions beaucoup de rapports avec les étudiants et le sentiment de créer quelque chose d'important.

Je me souviens du Colloque de Caen, organisé par Lichnerowitz et Crémieux Brilhac, l'un mathématicien, l'autre directeur de la Documentation française. Ça a été la première réunion où dans ce monde du non-dit, dans ce monde clérical qu'est le monde de l'Université, tous les gens qui étaient agents de changement et donc mal à l'aise dans l'état des choses d'alors, se sont réunis dans un désordre assez grand. Il y avait le doyen Grappin et il y avait Geismar. Je dirai que tous croyaient à ce concept de changement de la société. On ne comprend pas 68 si on ne comprend pas que les gens qui ont fait 68 avaient l'impression de vivre dans une société solide comme le roc; ils avaient confiance dans l'avenir tandis qu'aujourd'hui les gens sont sectaires, ils se referment sur l'individu, sur leur ethnie, sur un rêve d'équilibre. Les gens se moquaient de leur identité, ils s'intéressaient à changer le monde parce que le monde changeait de toute manière. Ce Colloque est caractéristique de cette confiance qu'avaient tous ces gens modernistes, mais qui quelques mois plus tard allaient s'affronter sur des interprétations sociales et politiques opposées de ce thème de la modernisation.

ALAIN TOURAINE

FLASH

FRANÇOIS JOUFFA

Ce fut très difficile, pour ceux qui eurent 20 ans au début des années 60, de s'intéresser aux événements du monde. Les jeunes de l'après-guerre, on les disait apolitiques (Bertrand Blier en a fait le sujet de son premier film : *Hitler connais pas!*), alors que c'est la génération de leurs parents qui les maintenait volontairement dans cette ignorance, peut-être par pudeur à l'égard des années noires et peu glorieuses de la Collaboration. Pourtant, nous sommes nombreux à avoir rêvé de communiquer, de « reporter ». La lecture des aventures de nos héros y était pour beaucoup. Ce n'est pas un hasard si Tintin, Spirou et Valhardy étaient journalistes (bien qu'un peu flics... Mais combien y a-t-il aujourd'hui de cartes de presse dans la poche des inspecteurs en basket?). J'ai d'ailleurs commencé dans la presse en vendant des journaux au lycée. Non pas les fascicules ronéotés avec l'accord du censeur (c'est fabuleux, quand j'y repense... Oh ironie! Les premières revues des collégiens passaient par les mains d'un... censeur), mais les hebdomadaires illustrés que je me procurais la veille du jeudi (l'ancien mercredi) et que je vendais, en récré, dans la cour : *« Demandez « L'affaire Tournesol! » Des révélations exclusives, vingt francs, le prix d'une partie de flipper. »* Depuis, j'en ai démêlé des affaires! Du moins l'ai-je tenté... Car la réalité est moins éprise de justice que les scripts d'Hergé. Ces revues, je me les procurais à *Europe nº 1* dont j'ai eu la chance d'être l'un des plus jeunes animateurs, à l'âge de quatorze ans, avant de devenir journaliste, plus tard, dans cette même station. J'ai été l'un des pré-ado de *Europe Jeunesse* qui chroniquaient l'air du temps et les disques italiens pré-twist sur l'antenne, quelques années avant l'illustre *Salut les copains.*

J'ai donc vécu de l'intérieur la révolution de la communication en France. Quand j'étais petit, on m'avait dit que les journalistes de radio buvaient beaucoup. J'en avais déduit qu'ils devaient avoir très soif, et j'imaginais qu'ils parlaient la tête dans un bocal plein de sel, genre scaphandre du capitaine Haddock. J'ai failli ainsi devenir alcoolique, et je ne suis redevenu sobre, ou ne me suis tourné vers d'autres excitants, que le jour où j'ai « décroché » de cet infernal cycle de l'information qui ne laissait aucun moment au plaisir personnel, ni aucune nuit sans être « en alerte ». De véritables soldats, nous étions, dirigés par de vénérés caporaux qui nous menaient à coup de vexations plus fortes que les coups de pied aux fesses. Et cette armée de volontaires, mercenaires du stylo et du micro, n'avait qu'une patrie à défendre : l'objectivité. J'y ai cru, et je remercie mes chefs pour les arrêts de rigueur et les soirées de garde... Aujourd'hui, je sais que nous nous leurrions et que nous n'étions que des pions sur un échiquier. Mais que de transes !

Je me marre quand, aujourd'hui, je croise un jeune confrère, débordé par son article hebdomadaire. A *Europe,* c'était un flash par heure – une innovation –, donc un texte de dix pages, faits et commentaires, rigueur et humour compris, toutes les quarante-cinq minutes avant de dévaler l'escalier qui menait de la rédaction au studio, avec une halte-pipi située à côté des dépêches pour gagner quelques secondes... Maurice Siegel venait d'inventer une nouvelle radio. Il sera limogé vingt ans plus tard pour « persiflage » par le gominé Chirac.

L'idée neuve était de laisser parler les journalistes, alors qu'auparavant leurs écrits étaient interprétés par des acteurs-speakers. C'est ainsi qu'est né *Europe-midi,* cette table ronde où les différents membres du staff échangeaient leurs connaissances de l'actualité avec les auditeurs présents qui posaient des questions de Candide. *« Non, monsieur, il n'y a pas de censure, la preuve, vous êtes libre de me parler de ce que vous avez sur la conscience. »* La démago, quand on est sincère, n'est pas une science, mais un art. Et le plus brillant d'entre nous tous, le maestro, était Jacques Paoli, qui jonglait avec ses notes et passait de l'astronomie à l'agro-

ICI
EUROPE 1
INFORMATIONS
pour ceux qui aiment LE JAZZ
D. FILIPACCHI - F. TENOT
E. BARCLAY
ORCHESTRE

nomie avec facilité, gentillesse et décontraction : le talent incarné.

Enchaînait André Arnaud. Jamais un adjectif de trop. Croquant toujours le genre humain à l'aide de faits divers signifiants qui faisaient chanter sa voix méridionale sur l'antenne six fois par jour, puis douze fois, quand les fameux flashes s'enchaînaient toutes les demi-heures. Place à l'information. Ce qui ne l'empêchait pas, lui qui savait si bien raconter le Congo ou le marché commun au jeune public de dix-huit heures entre deux disques de Johnny-Sylvie, d'aller jerker chaque nuit au Bus Palladium, en prise directe avec l'évolution de la société, recherchant à la base les besoins et les désirs de son auditoire. C'est lui, en tant que maître d'école volontaire, qui nous a appris à « dialoguer » l'information dans le journal de vingt heures : comme les habitués d'un café du commerce de province, avec des faits réels devant le pastis. Grandes leçons d'écriture populaire qui auraient dû déboucher sur bien des vocations de scénaristes de films.

Autre folie innovatrice, l'émission *Jean Gorini vous répond,* d'inspiration américaine, où notre directeur passait son samedi soir sur les ondes, en compagnie des grands sujets de la semaine et surtout des auditeurs, à l'autre bout du fil. Alors qu'aujourd'hui n'importe quel animateur abuse du téléphone quand il ne sait plus quoi dire, on peut imaginer le choc des premiers *allô, je vous écoute, posez votre question.* C'était du trapèze volant sans filet, et cela permit à chacun de pouvoir s'exprimer. Hyde Park sur 1 647 mètres GO avant la Sorbonne de 68.

Bien sûr, c'est la guerre d'Algérie qui fut le fer de lance de cette explosion de l'information sonore. Qui ne se rappelle de « la fusillade de la rue d'Isly », en direct d'Alger, où l'on entendait les Français qui se mitraillaient entre eux? Comme si on y était. Stupeur. Surprise. Admiration pour ces reporters, nos grands frères courageux, les René Duval et Julien Besançon (ce dernier passionna également les foules,

Lucien Morisse et Francis Blanche.
Jean Gorini.
Maryse, Fernand Raynaud et Harold Kay.
Jacque Paoli
(Photos Europe 1).

par la suite, en direct du Sinaï et de la guerre des Six jours). Comme les chirurgiens de la Grande Armée qui apprirent beaucoup des charniers des campagnes d'Espagne, les reporters durent mettre sur les « gros coups » leur imagination au pouvoir. Le Nagra, magnéto qui servait à la fois de studio de mixage, de petit banc quand on était crevé, ou même de bouclier lors des différentes émeutes, a fini par être branché dans les téléphones pour envoyer les reportages au plus vite. Puis on s'est servi, dès les grandes grèves de 68 et l'interdiction par le gouvernement d'utiliser les voitures radio-téléphone, sous le prétexte hypocrite que l'on gênait les communications des ambulances, on s'est servi directement du téléphone en changeant la pastille du combiné. Avec des trucs, des « pinces crocodiles » et du scotch adhésif, on a fait de la radio n'importe où. Demandez aux actuelles « radios pirates » ce qu'elles en pensent.

L'humour cultivé de Bouteiller, les idées de montage de Bruzek m'ont fortement influencé. Le sens de l'information des Fillioud et Leroy aussi, tout comme la rigueur des matinaux dirigés par Pichon. Et j'oublie, qu'ils me pardonnent, une trentaine de noms. Aucun organe de presse actuel ne pourrait réunir maintenant toutes ces signatures sans se ruiner.

Cette évocation personnelle ne peut pas être toute rose, ce ne serait pas à l'image de la vie. Je n'oublierai pas ce préfet, aujourd'hui PDG de multiples sociétés, qui m'a menacé de me couper la gorge, textuel et en faisant le geste, si je passais son interview où je le poussais dans ses retranchements, sur les problèmes de la drogue, des jeunes, des indics et des pushers. Ce n'est pas passé. Je n'oublierai pas non plus ces gorilles qui nous traitaient moins bien que des chiens pendant les voyages officiels de de Gaulle chez ses vassaux. Je garde enfin sur le cœur ma mise à l'écart, après coup de fil du Quai d'Orsay, d'une émis-

Sylvain Floirat, Georges Leroy et Maurice Siegel (Photo Europe 1)

sion branchée aussi bien sur les fleurs de San Francisco que sur les campus européens, sur Cohn Bendit et Rudi le Rouge, dès avril 68, et mon remplacement, comme animateur, par la future idole de la nouvelle gauche que je savais être plutôt de connivence avec la future nouvelle droite... Ce n'est pas de l'aigreur mais de l'histoire. Contemporaine. Et les vibrations, alors, passaient par le canal radiophonique d'*Europe 1,* avant que le président Rosko et ses jingles bouleversent, à leur tour, tout ça, sur ce qui allait devenir *RTL.*

Et ce nouveau journalisme, dont on nous rabat tant les oreilles aujourd'hui dans des quotidiens où les scribouillards préfèrent évoquer leur constipation plutôt que d'être des informateurs, est né de la radio. Style parlé mais serré, écriture en image mais dans un pays où la télé n'a pas évolué depuis *Cinq colonnes à la une* et *Lectures pour tous.*

Cette nouvelle forme d'écriture, qui n'a pas attendu le génial *Rolling Stones* américain pour éclore, a eu ses maîtres également dans la presse écrite des années 60. Et il faut saluer *l'Express,* format *Melody Maker,* et la soif de justice de ses collaborateurs, qui écrivaient avec leur sang, leur sueur et leurs larmes, quand la censure ne les obligeait pas à « blanchir » quelques colonnes. Même si Françoise Giroud est devenue Ministre de la majorité, ou Jean Cau un chantre aux ordres des idées réactionnaires, on ne peut oublier leur courage face aux tortionnaires d'Algérie. Même François Mauriac, qui est mort avant la libération sexuelle qu'il redoutait tant, sifflait entre ses dents des vérités qui faisaient mal aux tenants de la connerie humaine. Et alors que l'*Express* se transformait en « news magazine », *France observateur* devenait le *Nouvel Observateur.* Jean Daniel reprenait le flambeau de toutes les (bonnes) causes et sa rédaction comptait quelques originaux du stylo, tels que Cournot et ses chroniques poétiques et délirantes sur le cinéma, Held et ses papiers sur les autos, Copi et ses dessins qui nous ont mis

france Observateur
Ce que Adenauer a dit à de Gaulle
Le passage capital du rapport Marchais
La crise du logement : une affaire excellente
Les exilés de Nanterre
Des inédits d'Alfred Jarry
Jeudi prochain : le nouvel Observateur

L'EXPRESS
BONDIT
PAR J-J SERVAN-SCHREIBER
POURQUOI
COMMENT
VERS OU

NUMERO 1 nouvelle série France Observateur n° 759 JEUDI 19 NOVEMBRE 1964 2 F.
LE NOUVEL OBSERVATEUR
SARTRE: L'alibi
De Gaulle : les derniers secrets
Chaos au Vatican
La bombe chinoise et les Russes
Saint Philippe Pétain
Pour quoi vivent les étudiants
Jean Vilar Françoise Sagan Michel Leiris Sempé
Clay-Liston : Le non-match

21-27 septembre 1964
2 Francs - N° 692
L'EXPRESS
le testament du général de gaulle
CHARLES DE GAULLE.
« J'agis sur les imaginations de la nation. »
(Bonaparte.)

face à notre angoisse existentielle bien avant Brétécher. Nouveaux talents, nouvelles écritures. Nouvelle maquette, surtout, avec beaucoup de blanc et qui allait déboucher sur le populaire *Candide* (le futur cinéaste Pascal Thomas y fut un de la bande), l'ésotérique *Planète* (qui cristallisa dans ses recherches le mal être de notre société, de consommation pompidolienne) et quelques tentatives sympathiques comme *Adam* (avec les enquêtes de Philippe Labro qui avait, lui aussi, et avant bien d'autres tout compris sur les bandes de jeunes que Godard baptisera bientôt *« enfants de Marx et de Coca Cola »*).

Du côté des « intellos », la vie française d'alors s'était enrichie depuis la fin des années 50 de *Arts,* des *Cahiers du cinéma,* et des différentes revues ou fanzines qui firent évoluer la sous-culture, à de tels niveaux que le *Giff Wiff* de Lacassin (avec Jodorowski comme correspondant au Mexique) et notre cher Centre d'Étude des Littératures d'Expression Graphique lui ouvrirent carrément les portes de la Sorbonne pour une chaire de bande dessinée...

Du côté de la rock culture, de *Disco Revue* à *Salut les copains,* les années furent longues avant l'apport de *Rock and Folk* issu de *Jazz Hot.* Et c'était déjà la fin des années 60. Même 68 eut peu d'écho, alors, dans cette presse (« Jool », autrement dit Julie Driscoll, était en couverture de *Rock and Folk* en mai 68). Il faudra attendre l'arrivée d'*Actuel,* début 70...

Parallèlement nous sommes quelques-uns à avoir tenté avec *Bande à part* de donner aux lycéens une information mi-*Express* mi-*SLC,* qui eut son heure de gloire avant de sombrer dans les méandres administratifs de la distribution NMPP sous contrôle Hachette, autrement dit du pouvoir.

Et pendant ce temps-là, la grande presse, qui n'était pas encore sous la bannière d'un ancien collabo, s'essoufflait. *Libération,* celui de

PLANÈTE Parait tous les 2 mois

DIRECTEUR LOUIS PAUWELS

DANS CE NUMÉRO

André Faussurier / Arthur C. Clarke / Daniel Bernet
Robert Ganzo / Veyron La Croix / R.A. MacGowan
Des intelligences artificielles dans l'espace? par L. Pauwels et J. Bergier
Que feront les hommes quand ils ne travailleront plus? par J. Mousseau
La mystique est-elle une science? par Rémy Chauvin
Cet atomiste est-il fou? par Robert Lindner
Les continents ont-ils bougé? par P.-E. Victor et F. de Closets
Menhirs : techniques d'il y a 5 000 ans? par Aimé Michel
Qu'est-ce que la sémantique générale? par Gabriel Véraldi
Si vous étiez poulpe, hirondelle, mouche? par Geneviève Dormann
L'amour sexuel, cet honneur? par Suzanne Lilar
Le début de notre enquête scientifique :
Où en sommes-nous avec les cerveaux artificiels?

En couleur : 40 000 ans d'art et d'énigmes

PLANÈTE

MARS / AVRIL 1963

DANS LES PROCHAINS NUMÉROS

L'hindouisme et les corps libres
L'art et le réalisme fantastique
Le quatrième état de la matière
La machine à oublier
Des documents sur Fulcanelli et l'alchimie
La première et la deuxième Renaissance
Le dernier dossier des mystérieux objets célestes
Un monastère de 780 millions d'hommes : la Chine
Médecine moderne et tradition : l'acuponcture
La science et la théologie

et des articles, récits, études de
René Alleau / Lucien Bodart / J.B.S. Haldane
Jorge Luis Borgès / Gaston Bouthoul
Francis Brunel / Jean Charon
Jacques Labourdette / Jacques Lecomte
Henry Miller / Victoria Ocampo
Pierre Restany / Geneviève Dormann

Abonnement 6 numéros 30 F. Le numéro 6 F. (80 F.B.)

Mouvement des connaissances / Analyse des œuvres remarquables / Textes inconnus
Littérature différente / Art fantastique de tous les temps / Mystères du monde animal

Imprimerie L. P.-F. L. Danel Loos-lez-Lille Nord

Diffusion Denoel / N.M.P.P.

Jacques Bergier et Louis Pauwells lancent Planète (Photo Keystone)

Les Soviétiques et la télépathie

Jacques Bergier

Il existe d'autres univers que le nôtre, qui n'ont, pour des raisons topologiques, aucun point de contact, sauf celui qu'on peut établir par ces phénomènes de télépathie que les psychologues commencent à admettre.

PROFESSEUR G.B.C. STUECKELBERG,
de la commission à l'énergie atomique suisse (revue « Industries atomiques », janvier 58).

Des recherches nouvelles à l'Est

Bilan et programme des études

Premier compte rendu français

IL FAUT S'ATTENDRE A DES SURPRISES

Les rationalistes français imaginent la vie intellectuelle en U.R.S.S. à l'aide d'une imagerie empruntée à notre XIXe siècle. A leurs yeux, les savants formés à l'ombre du marxisme ne peuvent être que des positivistes progressant sur les voies traditionnelles de la connaissance. Depuis quelques années, leur vision conformiste a subi un certain nombre de chocs dont la signification réelle n'a pas encore été entièrement saisie. Le dernier en date est une information parue au début de l'automne, dans un important quotidien français: elle annonçait que l'hypnotisme et la télépathie étaient désormais considérés en U.R.S.S. comme des réalités scientifiques. Cette information précisait d'ailleurs que les recherches en cours s'appuyaient sur le matérialisme dialectique.
Suivant le professeur soviétique Vasilyev, qui dirige des expériences de transmission de pensée dans différents laboratoires, le cerveau d'un hypnotiseur constitue une sorte d'émetteur de radio, et ceux des médiums font fonction de récepteurs. Ses expériences semblent démontrer que les médiums obéissent aux ordres de l'hypnotiseur, qu'ils soient placés dans la même salle ou dans une autre pièce, une autre maison ou même une autre ville. Quant à la télépathie, le professeur estime que c'est un phénomène parfaitement explicable: lorsqu'un cerveau émet avec force des « signes » dans la direction d'un autre cerveau, ce dernier doit les capter sans difficulté.
La stupeur des milieux rationalistes français provient de leur ignorance totale de l'état de la recherche et de l'évolution des esprits

Un troisième œil ?
Photo-montage Marcel Bernard

Cette semaine dans **CANDIDE**

UNE GRANDE ENQUETE :

LES WEEK-ENDS IMBÉCILES

d'Astier de la Vigerie, allait rendre l'âme malgré le prestige des pensées de son directeur. Et *Combat,* le plus sympathique, se lisait d'une coquille à l'autre.

Ah, *Combat...* Je tiens à saluer la bataille quotidienne que mena Henry Chapier dans sa page cinématographique, contre l'intolérance et la bêtise; je tiens aussi à rappeler le brio d'une série d'articles « inventés » par François Caviglioli dans sa chambre, à propos d'un voyage présidentiel dont il rapportait le moindre détail impressionniste alors que le journal n'était pas accrédité pour le suivre.

C'était de l'artisanat, mais oh combien rafraîchissant à côté des campagnes de presse du dernier sursaut de *Paris Jour,* sauvé par les potins de Jacques Chancel, ou de *Paris Presse* dont la dernière page était, chaque jour, une initiation au racisme anti-jeunes.

Le grand groupe de presse issu des années 60 fut, bien sûr, celui de Daniel Filipacchi et de son copain Frank Ténot. Rappelons qu'à l'époque les playmates de *Lui,* dirigé par Jacques Lanzmann, portaient des soutiens-gorge (vous n'avez pas le numéro avec Valérie Lagrange, par hasard?) et que les jeunes lectrices de *Mademoiselle Age tendre* découvraient dans leur magazine préféré le tampon si utile pour jouer au tennis. Ces mensuels eurent leur rôle à jouer, bien que participant de la société des loisirs et des besoins préfabriqués, dix ans avant l'explosion sexuelle de 1972-1974.

Enfin, en ce temps-là, dans la presse, certains ont réussi aussi à écrire l'histoire au jour le jour avec des images. Des images belles comme des tableaux et accusatrices comme un article de Zola. Les années 60, ce fut également le temps du photojournalisme, où les reporters étaient aussi des artistes. Et de même que Jean-Pierre Pedrazzini, de *Paris Match,* mort à Budapest devant les chars soviétiques, était un héros de nos rédactions de lycéens (« Préférez-vous mourir jeune et glorieux

Pilote
No 237
7 MAI 1964
MAGAZINE
2 MILLIONS
DE JEUNES
SOUS LA TENTE
HEBDOMADAIRE - FRANCE : 1 F. - BELGIQUE : 12 F. - SUISSE : 1 F. - CANADA : 20 cts - ALGERIE : 115 F.

giff-wiff
revue bimestrielle • mai 1966 • n° 20 • 9 francs
Jean-Jacques
Pauvert Editeur

comme Alexandre, ou vieux et... »), nous n'oublierons jamais notre camarade Gilles Caron, disparu au Cambodge pour que le monde « sache », en offrande à la seule divinité devant laquelle nous daignions nous incliner : l'Information.

François JOUFFA est journaliste et producteur à la radio. Il est l'auteur de nombreux ouvrages sur la musique populaire d'origine anglo-saxonne, dont *L'Age d'Or du Rock'n roll* (Éditions Ramsay).

EUROVISION

JEAN-CLAUDE LOISEAU

Dans ce bistrot anonyme de la rue de Bagnolet, à Paris, c'est la France entière qui avait rendez-vous avec l'épopée. Une fameuse idée qu'il avait eue là, le patron! Un poste de télévision, ventru, trônait sur une table dans la petite salle : autour, soixante personnes au moins se bousculaient. Tous les habitués du zinc étaient venus, bien sûr, le garagiste, le moniteur de l'auto-école, le mari de la fleuriste, celui de la blanchisseuse, et des gens du quartier qu'on connaissait de vue, et des gosses, comme moi ou le fils de la mercière, qui avaient depuis longtemps pris d'assaut la vingtaine de chaises disposées face au téléviseur. En cette après-midi finissante de juin 1958, la France affrontait le Brésil en demi-finale de la Coupe du monde de football. Un rêve. L'excitation, dix minutes avant le coup d'envoi, rappelait la fièvre d'une tribune « populaire » du Parc des Princes, un jour de Racing-Reims. Kopa, Fontaine, Marche, Vincent et les autres : nos idoles sur l'écran 43 cm, et en direct de Suède... *Allez France,* cria le garagiste en levant son demi de bière, quand éclatèrent, enfin, les premières notes solennelles du Te Deum de Marc-Antoine Charpentier. Pour nous, à cette époque, c'était seulement une musique terriblement excitante : elle annonçait un événement d'importance. Une retransmission de l'Eurovision... Elle annoncera de la même façon les Jeux Olympiques de Rome, avec Michel Jazy, puis les coude-à-coude d'Anquetil et Poulidor...

L'Eurovision avait tout juste quatre ans. C'était le sigle des grandes occasions. La « télé » en fête. L'exceptionnel. Le signe de ralliement épisodique de tous ceux qui se retrouvaient ensemble pour communier autour de l'objet rare dont la rumeur annonçait la présence, ici ou là, chez Edmond, par exemple, chez un voisin qui, à l'occasion, ouvrait ses portes aux amis et aux amis des amis... Cette année-là, en 1958, on recensait très exactement 990 594 téléviseurs en service. Pour nous qui n'en possédions pas, c'était un fameux privilège dont on n'osait pas rêver...

Catherine Langeais avait tout juste 35 ans, et mon grand-père qui venait de prendre sa retraite, dans une petite maison à la campagne, trouvait qu'elle avait vraiment « bon genre ». Un forcené de la télévision, mon grand-père! Il regardait tout, avec une fidélité toute particulière pour la mire : je l'ai souvent contemplée, cette image fixe, truffée de dessins géométriques et de chiffres parfaitement obscurs, au centre de laquelle, sous le signe RTF, se dressait l'un des chevaux de Marly. Elle servait, disait-on, à régler le poste; personne, cependant, ne se serait risqué à le vérifier. La mire, c'était alors plus simplement, la certitude que, tôt ou tard, des images, des vraies, apparaîtraient sur l'écran; que le poste marchait bien. En un mot, la mire, comme Catherine Langeais, rassurait...

Je parle d'un temps où la télévision n'était pas encore « télé », machinale, distraite, fabriquée à la chaîne. A l'aube des années 60, elle ne craignait ni la naïveté ni la solennité, et invitait « les chers téléspectateurs » à partager le plaisir d'émissions, grandes et petites, sans arrière-pensées. C'était le temps où il ne fallait pas manquer les « classiques », retransmis en direct des studios des Buttes-Chaumont – un flash : Daniel Ivernel, formidable Néron dans *Britannicus.* On suivait passionnément des textes dits en gros plans par des visages violemment éclairés. Et, en général, les longs monologues passaient bien grâce à l'apparition distrayante, répétée, et insistante, des perches-micros aux quatre coins du décor.

La dramatique, genre noble par excellence, faisait le prestige de notre télévision, réputée « la meilleure du monde ». *Les Perses,* d'après Eschyle, réalisée par Jean Prat et diffusée le 31 octobre 1961, devait en être le sommet insurpassé : cela, c'est l'histoire officielle qui l'affirme. Les costumes et les masques étaient somptueux. La mise en scène, brillante. Le spectacle était majestueux. Et très ennuyeux. Un sondage

La télé entre dans les familles (Photos Télé 7 jours et Riboud-Magnum)

découvert par hasard des années plus tard révéla que 70 % des téléspectateurs étaient devant leur poste au début de la retransmission, mais que 3 % seulement avaient tenu jusqu'au bout.

Reste que l'écrasement de Xerxès à Salamine aura marqué une date importante dans ma carrière de téléspectateur : cette semaine-là, le premier téléviseur faisait son entrée dans la salle à manger familiale...

Désormais, on les verrait toutes, ces représentations théâtrales au petit écran. En fait, des adaptations souvent brillantes réalisées par des auteurs qui ont ni plus ni moins inventé un style. On apprendrait à reconnaître les vrais héros du genre : tous ces acteurs abonnés à la dramatique dite de « l'école des Buttes-Chaumont » et qui passaient d'une époque à l'autre, d'un sujet à l'autre, avec le même métier. Dans le même emploi immuable. Au hasard des souvenirs : Michel Etcheverry, le père noble et vaguement hautain, François Maistre, le fourbe malin, Jean Topart, le « méchant » louvoyant, François Chaumette, le traître violent, Christiane Minazzoli, l'amoureuse piquante, Annie Ducaux, la noble dame, etc.

Des visages familiers. Ils étaient signes de reconnaissance dans des programmes aux rendez-vous presque immuables. La « grille », faite pour durer, encourageait le téléspectateur à la fidélité. Avec une seule chaîne à sa disposition, celui-ci n'avait pas à choisir. Il partageait ainsi avec les autres téléspectateurs des émotions qui déclenchaient, le lendemain, au bureau, au lycée ou dans le train de banlieue, un beau sujet de conversation.

En 1963, 4 400 278 téléviseurs étaient recensés. La télévision française prenait véritablement son essor, et son audience était suffisante pour que « la fameuse fenêtre ouverte sur le monde » commence à créer des mouvements d'opinion. Le petit écran n'a jamais, contrairement à une idée reçue tenace, influé sur le comportement politique

Catherine Langeais, Jacqueline Huet et Jacqueline Corat
La mire
(Photo SFP et Télé 7 jours).

L'inspecteur Bourel
Janique Aimée
Thierry la Fronde
(Photos SFP).

des Français : tous les étudiants en 1re année de Sciences-Po le savent. En revanche, les Français ont au moins une fois influé sur le cours des programmes du petit écran. C'était en avril 1963. Chaque soir, depuis des semaines, les téléspectateurs « vivaient » les aventures de *Janique Aimée.* On approchait du dénouement. Qui, la belle et sage infirmière épouserait-elle? Bernard ou le docteur? Les journaux révélèrent que ce serait Bernard. Grave erreur psychologique des auteurs du feuilleton. Des milliers de lettres de protestation affluèrent rue Cognacq-Jay. Une affaire nationale. Les responsables des programmes finirent par céder à la « sourde pression des téléspectateurs », et firent modifier, en catastrophe, la fin de l'histoire. Le fiancé, jugé trop veule par l'opinion publique, cédait la place au beau et bon docteur plus conforme à l'image de l'honnête homme...

Une foule indistincte de Français, de tous âges, de tous milieux sociaux, de tous niveaux d'éducation avaient fait entendre sa voix. C'est, peut-être, de cet épisode qu'il faut dater la naissance du fameux « grand public ». Un monstre indistinct avec lequel les directeurs de la télévision allaient apprendre à compter. Ne pas choquer « le grand public ». Penser au « grand public ». Distraire le « grand public ». Un même leitmotiv qui, un jour, servirait de politique...

On n'en était pas — tout à fait — là; et il y avait encore quelques grands « patrons » à la télévision qui osaient prendre des risques. Janique Aimée a bouleversé les âmes tendres; un dénommé Jean-Christophe Averty va, six mois plus tard, scandaliser les cœurs sensibles. Un samedi, sans crier gare, il a débarqué avec ses images inouïes, découpées en petits morceaux, agitées d'étranges vibrations. Cela s'appelle *Les Raisins verts.* C'est, théoriquement, une émission de variétés. On y entend effectivement des chansons à succès interprétées par nos vedettes favorites — et les autres. Mais on y voit aussi une de nos « char-

mantes speakerines », Anne-Marie Peysson, la dernière arrivée, présenter le spectacle dans un cercueil, et comble de la provocation, un bébé en celluloïd passé au hachoir à viande. Avec son humour noir inconnu à la télévision, Averty donnait, d'un coup, un fameux coup de balai dans le domaine poussiéreux des variétés à plantes vertes et chanteurs interchangeables. Le tollé fut immense, mais sa série, mensuelle, tint deux saisons, avant d'être rebaptisée *Douches écossaises*.

Averty avait divisé la France téléspectatrice : elle se retrouvait massivement en Guy Lux. L'homme avait un bagou de camelot et le tutoiement facile. Il parlait comme l'homme de la rue, riait de ses propres plaisanteries et possédait, de surcroît, une foi apparemment inébranlable dans ce qu'il faisait. Les intellectuels égarés devant le petit écran méprisé – il y en avait – parlaient de démagogie; les téléspectateurs fidèles, quotidiens, s'étaient instantanément reconnus dans cet homme qui ressemblait à M. Tout le Monde. Comment oublier les joutes homériques d'*Intervilles* qui firent le bel été du petit écran à partir de 1962? La fête au village. La guerre des clochers. Des rivalités à mort qui se résolvaient dans un tir à la corde ancestral. Je disais : « C'est bête », mais je riais comme un fou – et comme n'importe qui – au spectacle de vachettes landaises poursuivant des pseudochars romains dans l'arène de Dax. Une vaste rigolade collective : une partie de la France jouait à des jeux de patronage que l'autre partie se contentait de regarder. Et le lendemain les journaux montraient, photos à l'appui, comment Léon Zitrone, « Gros Léon », le pape ultra-solennel du J. T., avait perdu son micro et cassé ses lunettes dans la bousculade déclenchée par un point litigieux... La télévision, en descendant sur la place publique, mobilisait, comme jamais auparavant, les foules. Guy Lux inventait une certaine forme de « télévision populaire », en énon-

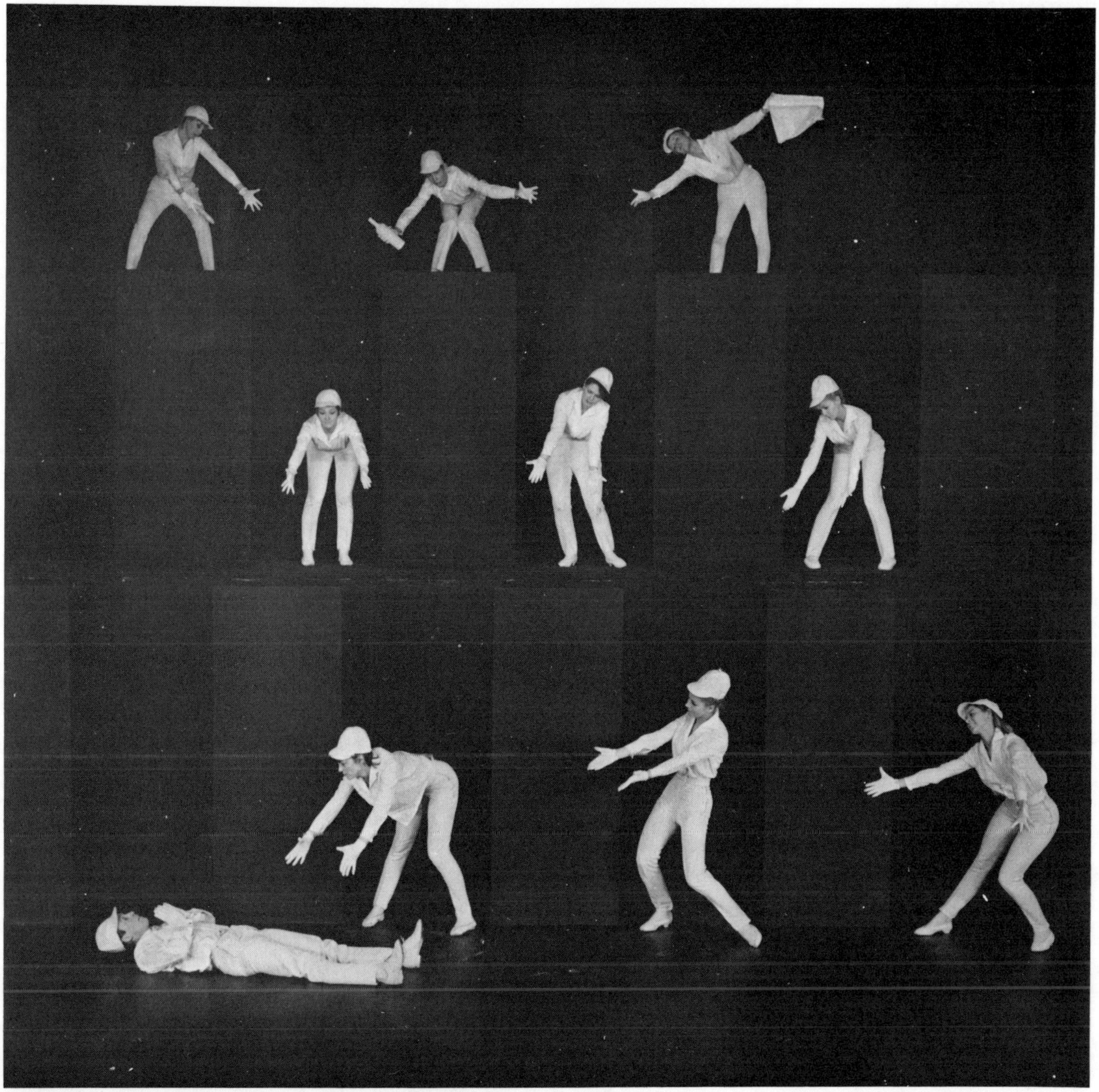

Les raisins verts de Averty
(Photo SFP)

çait, sur le tas, des lois qui s'appliquent encore aujourd'hui. Seule est perdue une spontanéité jamais retrouvée depuis.

Les batailles d'*Intervilles* n'auront pas été vaines : elles ont servi de détonateur à un débat de fond sur la télévision. Sur sa vocation profonde. Distraire ou cultiver? On trouva que le compromis, seul, était de mise. Motion de style nègre-blanc : il faut cultiver en distrayant, et réciproquement. Ouvrir le champ des connaissances sans ennuyer. Noble aspiration : elle devint, en théorie du moins, le Graal de tous les responsables. Et la philosophie de quelques producteurs et réalisateurs parmi les plus brillants de leur temps. Ils avaient des idées, la direction de la RTF puis de l'ORTF ne leur mesurait pas les moyens : le résultat était à la hauteur des ambitions. Leurs émissions régulières, portaient un label de qualité que personne ne songeait à discuter. Deux modèles du genre : le Théâtre de la Jeunesse de Claude Santelli et *La Caméra explore le temps* de Alain Decaux, André Castelot et Stellio Lorenzi.

Avec ses airs d'instit' inspiré et son didactisme fiévreux son regard noir et ses mains virevoltantes, Claude Santelli croit à une culture populaire pour le plus grand nombre. Écoutez-le présenter *Quatre-vingt-treize* de Victor Hugo, seul, en gros plan sur l'écran : il est habité, cet homme-là, du souffle hugolien. Il veut faire partager. Quoi? Tout. Une passion totale. Son adaptation du grand roman de Hugo est un modèle du genre. L'affrontement dramatique entre le républicain Gouvain et le chouan Santenac passe dans des images fortes, puissantes. En une cinquantaine d'émissions, de 1960 à 1966, c'est tout un pan de la littérature que des millions de téléspectateurs ont appris à déchiffrer, qui a pris, sous leurs yeux, une forme idéale. Qui s'est incarnée. Et des années plus tard, des personnages inoubliables gardent l'identité qu'ils avaient à l'écran : Michel Etcheverry *est* Santenac.

Intervilles avec Guy Lux et Léon Zitrone
Télé-Dimanche : Denise Glaser et Guy Béart
(Photos SFP)

Denise Gence *est* la Chouette des *Mystères de Paris.* Michel Galabru *est* M. Micawber de *David Copperfield...*

Santelli, cet humaniste nourri de tous les mythes généreux du XIXe siècle touchait juste. Pour une bonne raison : il nous racontait des histoires comme, depuis l'enfance, on aime en entendre. Palpitantes, lyriques, émouvantes et chaleureuses. Son *Théâtre de la Jeunesse* prouvait qu'avec de bons sentiments, on pouvait faire de la bonne télévision. L'abonnement que nous y avions pris était tacitement reconduit de saison en saison. Nous avions signé un contrat de confiance. Santelli l'a honoré sans défaillance.

« Télévision populaire » : sous ce pavillon qui n'était pas de complaisance, *La caméra explore le temps* a vogué pendant huit ans, tenant constamment le haut de la vague. Pas un référendum où la série n'occupe la première place. Le goût des Français pour l'histoire (la grande et la petite) s'est épanoui, renforcé, approfondi dans la fréquentation assidue du trio Decaux-Castelot-Lorenzi. Avec eux aussi, le contrat de confiance était sans restrictions. A cette passionnante école du soir, les profs donnaient aux pages du Mallet-Isaac un éclairage nouveau. Plaisir d'apprendre. L'événement historique était exemplaire ou anecdotique. Irréfutable, en tout cas : on savait que les auteurs avaient « potassé » à fond leur dossier, et leur savoir-faire donnait à chaque épisode choisi, l'allure d'un film d'aventures vrai. Et lorsqu'en 1964, ils entreprirent de mettre en scène la Révolution, la série atteignit son sommet : c'était *La Terreur et la Vertu.* Une fresque bâtie autour du face-à-face Danton-Robespierre. En deux émissions qui battirent les records d'écoute, ils firent mieux qu'illustrer une page essentielle de notre histoire : ils rendirent leur dimension humaine aux deux géants...

Pour interrompre l'émission-vedette des programmes, il fallait de bonnes raisons. La direction de la télévision n'en trouva que de

C. Brasseur et M. Piccoli en 1965 dans « Don Juan » mis en scène par M. Bluwal.
J. Ferrière est en 1964 le Danton de Stellio Lorenzi.
« Les Perses » mis en scène par J. Prat en 1961.
« Le Père Ubu » de J.-C. Averty (Photos SFP).

L'équipe de Cinq colonnes à la Une :
John F. Kennedy interviewé par Cinq Colonnes
Un reportage en Algérie
Pierre Desgraupes
Pierre Lazareff
P. Lazareff, P. Dumayet et P. Desgraupes
(Photos Télé 7 jours).

médiocres. La sentence tomba à l'improviste un jour de 1965; la France téléspectatrice, aussitôt s'enflamma. Campagne de presse monstre, interventions à l'Assemblée Nationale, pétitions dans les journaux spécialisés : rien n'y fit. La rumeur dit que la décision-guillotine était venue d'« en-haut ». De Matignon ou de l'Élysée, où l'on voyait, paraît-il, d'un très mauvais œil le succès d'une série réalisée par un communiste notoire (Lorenzi). Officiellement, bien sûr, on parlait d'autre chose : formule vieillissante... Changement de la grille des programmes... Nouvelles propositions aux producteurs. Tout le monde comprit que l'affaire était politique. Le pouvoir manifestait avec éclat que « la télé » était sa chasse gardée. A l'approche des premières élections présidentielles, la reprise en main s'effectuait à tous les niveaux. Les vieux démons de la rue Cognacq-Jay reprenaient du service...

Ils n'avaient jamais dételé, à vrai dire. « La meilleure télévision du monde » souffrait depuis toujours d'une servilité politique sans nuances. La valse des directeurs et des présentateurs du Journal Télévisé, les mini-crises et les réformes périodiques, les censures ouvertes et l'auto-censure rampante : l'information télévisée souffrait du pouvoir. Le menu du J. T. se faisait chaque matin au cabinet de l'Élysée; les patrons étaient branchés sur ligne directe avec Matignon. Journalistes aux ordres. Ministres à la une, quotidiennement. Le J. T. était l'arme absolue de l'État-UNR. Sa médiocrité, la rançon payée à la Ve République. Passons – comme le téléspectateur passait, discrètement, sur cette demi-heure de propagande à peine dissimulée, plus attentif aux cravates de Léon Zitrone qu'à ce qu'il annonçait : le courrier de *Télé 7 Jours* le montrait bien chaque semaine.

Non, l'information sérieuse était ailleurs. Dans les reportages très attendus de *Cinq colonnes à la une.* Le drame algérien, comme on disait, restera pour longtemps résumé par cette séquence fameuse du médecin

pied noir interviewé en ombre chinoise et qui, soudain, fond en larmes. L'expédition américaine à Saint Domingue – ou bien était-ce le conflit katangais? – trouvait tout son impact dans ce plan où l'on voyait Roger Louis, micro en main, commenter imperturbablement le combat tout proche, pendant que sifflaient autour de lui des balles perdues. Du grand spectacle : on le savait si bien que, chaque mois, on annulait les dîners en ville pour ne pas rater l'événement.

Télévision hexagonale : elle donnait de la France une image où les téléspectateurs, finalement, se retrouvaient assez bien. On jubilait aux shows périodiques du général de Gaulle, et la rue adoptait ses bons mots et ses formules à l'emporte-pièce. Avec la même jubilation, on suivait les enquêtes du commissaire Bourrel alias Raymond Souplex, en guettant le traditionnel *Bon sang, mais c'est bien sûr* des *Cinq dernières minutes.* Face au petit écran, on était « chez soi ». Thierry la Fronde faisait vibrer d'admiration les enfants. Les adultes restaient bouche bée devant l'érudition encyclopédique de *L'Homme du XXe siècle,* où les candidats gagnaient, parfois, des millions, parce qu'ils pouvaient donner le poids du viaduc de Garabit ou la date de la victoire des Almohades sur les Almoravides. Le petit écran produisait français, pensait français, exaltait vertus (et travers) français... Et puis, la télévision « bien de chez nous » découvrit l'Amérique. De nouveaux héros émergeaient. Les « stars », dans les années 63-65, s'appelèrent Josh Randall, Eliott Ness ou le Capitaine Troy. *Au nom de la loi* imposa Steve McQueen, *Les Incorruptibles* sortirent Robert Stack de l'anonymat, et Gardner McKay fit rêver les téléspectatrices qu'il embarquait chaque semaine pour de nouvelles *Aventures dans les îles.* Sacrés feuilletons!

Leur efficacité reléguait les produits-maison au rang des travaux d'amateurs sympathiques. Il était déjà loin, *Le temps des copains* qui, en 1961, imposait un certain Henri Tisot dans le rôle d'un brave étudiant rondouillard nommé « Gonfaron ». La vague US s'annonçait. Un autre style. Une autre époque.

Avec une deuxième chaîne lancée le 18 avril 1964, avec une Maison de la Radio à l'architecture résolument « moderne », inaugurée solennellement par le Général de Gaulle quelques mois plus tôt (en décembre 1963), la télévision devenait adulte. Chez nous, elle était, déjà, une habitude. Rendez-vous de routine. Litanie d'émissions où le regard errait distraitement. *Séquence du spectateur, Magazine féminin,* de Maïté Célerier de Sanois, *Paris-Club*... Longs après-midi d'ennui dominical comblés tant bien que mal par *Télé Dimanche* et *Le Jeu de la Chance. Bonne nuit les petits.* La nostalgie n'est plus ce qu'elle était...

Jean-Claude LOISEAU est journaliste au *Point.* Il est l'auteur de plusieurs ouvrages dont *Les Zazous* (Éditions du Sagittaire).

*Jacques Anquetil et Raymond Pou-
lidor*
Just Fontaine
*Jean-Claude Killy et Adrien Du-
villar*
Kiki Caron
Bambuck
Raymond Kopa
Michel Jazy.
(Photos Gamma).

GRENOBLE
4
GRENOBLE
14
1

3

SCHNEIDER

87
82

Je me souviens...

Je me souviens des 20 et 21 juillet 1969. Le Directeur général m'avait confié son bureau, j'étais responsable pour la France de la diffusion de l'alunissage des premiers hommes sur la lune. Je me souviens. J'étais seul à ce poste de commandement. J'ai éteint la lumière du bureau. Dans la pénombre, je voyais mieux les images. Les téléphones étaient maintenant muets ou presque. A 3 h 56, Armstrong posa le pied sur le sol lunaire. Aldwin le suivit... Alors, je ne sais vraiment pas pourquoi, je suis sorti sur le balcon, au septième étage, et j'ai regardé Paris. A ma grande surprise, personne ne dormait. Jusqu'à l'horizon, je voyais des milliers de fenêtres allumées. Des hommes et des femmes, avec moi, avec nous, accompagnaient les astronautes. Seul dans le silence de ce matin, j'ai pratiquement palpé notre formidable puissance à nous, télévision. J'ai pris conscience, une fois encore, de la nécessaire humilité.

Je me souviens de la visite de Nikita Khrouchtchev en France, en 1960. Le gouvernement lui avait offert une conférence de presse télévisée en direct. On m'avait confié l'affaire.

Réunion avec Khrouchtchev, examen des lieux, costume, maquillage, place du traducteur soviétique, etc., et j'en arrivai à la durée. Il me répondit :

– Le général de Gaulle ne m'a pas limité, je prendrai le temps que j'estimerai nécessaire!

– Nous aurons l'antenne à 18 heures. Je me permets de vous conseiller de ne pas dépasser une heure.

– Pourquoi?

– Parce qu'à 19 heures, il y a une émission destinée aux enfants. Les parents français ne comprendraient pas, n'admettraient pas que leurs enfants en soient privés.

– Bien, je verrai.

– Êtes-vous exact?

– Vous le verrez bien.

– Alors, si vous le voulez bien, rendez-vous dans la salle à 17 h 30 pour maquillage et essai préliminaire.

Nikita Khrouchtchev est arrivé souriant et détendu à 17 h 30, avec à la main un chrono. Il a été d'une précision méticuleuse et a terminé sa péroraison en 59′ et 32″. Lui aussi savait se servir de la télévision... d'autrui.

PIERRE SABBAGH

BIP. BIP.

ALAIN DUPAS

Bip, bip, bip... fait la petite boule de métal, qui tourne inlassablement autour de la Terre. *Regardez, c'est le Spoutnik* s'écrient des millions d'hommes, les yeux rivés à cette nouvelle étoile qui file sans tomber à travers le ciel crépusculaire. En ce début d'octobre 1957, le lancement du premier satellite artificiel est d'emblée ressenti comme un événement historique. Sur les cinq continents, l'opinion se passionne soudain pour tout ce qui est cosmique. Le monde vit à l'heure spatiale, au rythme rapide des révolutions de Spoutnik autour du globe.

Qui aurait cru à cet impact universel et populaire du premier lancement spatial? Quelques rêveurs, sans doute, mais aucun personnage comptant alors dans les mondes de la science, de la technique ou de la politique. Les ingénieurs considéraient la mise en orbite d'un satellite comme une performance sans difficulté exceptionnelle : ils auraient pu la réaliser dès le début des années 1950. Les scientifiques y voyaient surtout un moyen de mieux étudier la haute atmosphère. Quant aux hommes politiques, ils regardaient les projets de satellites artificiels comme des programmes de recherche et de développement parmi d'autres. Les décideurs de l'époque n'étaient guère enthousiasmés par les perspectives de la conquête spatiale : en 1956, le Président des États-Unis Dwight Eisenhower empêcha même le lancement d'un satellite par un missile militaire! Les activités spatiales, disait-il, devaient être purement civiles. Les dirigeants soviétiques n'avaient pas les mêmes scrupules, mais leur intérêt pour le cosmos était à peine plus fort : ils approuvèrent les projets de satellites quelques mois seulement avant le lancement de Spoutnik.

Tous ces froids calculateurs de la science et de la société avaient oublié que l'homme n'est pas seulement avide de connaissances et de bien-être. Il aspire aussi à de nouveaux horizons, à de nouvelles fron-

Une fusée Lune-Terre imaginée par le cosmonaute Alexis Léonov et le dessinateur André Sokolov (Photo APN)

tières. Voici des centaines de milliers d'années, des millions peut-être, ses ancêtres nomades parcouraient la Terre et commençaient à sillonner certaines mers, à la recherche de territoires vierges. La vie sédentaire ne remonte qu'à une dizaine de milliers d'années, et elle n'a pas éteint le désir d'aventure et d'exploration. La vague des grandes découvertes géographiques qui va de la Renaissance au XIXe siècle en témoigne. Dans l'inconscient collectif de l'humanité, Spoutnik était beaucoup plus qu'un exploit technique. C'était le symbole d'un départ de l'homme pour de nouvelles explorations. C'était le mariage entre l'esprit scientifique, triomphant en ce troisième quart de siècle, et l'éternel esprit d'aventure.

Certains hommes n'ont pas attendu les premiers « bip, bip » descendus du ciel pour considérer le cosmos comme le prochain grand domaine d'expansion de l'humanité. Je veux parler bien sûr des grands précurseurs de l'astronautique, Constantin Tsiolkovsky, Robbert Goddard, Herman Oberth, et quelques autres, qui ont rêvé et calculé fusées, satellites, stations orbitales, dès le début du siècle. Mais je veux parler aussi des auteurs de science-fiction, qui ont fait de l'espace un monde vivant pour des millions de lecteurs. Les rapports entre la science et la science-fiction sont complexes, mais il fait peu de doute que les grands textes d'anticipation font le lit des bouleversements technologiques, qu'il s'agisse de l'exploration du cosmos, ou plus récemment de la biotechnologie ou de la télématique. Ce n'est certainement pas un hasard si tous les grands précurseurs de l'Astronautique ont trouvé leur vocation dans la lecture de Jules Verne. Le « Voyage autour de la Lune » a commencé bien avant les périples des astronautes et des cosmonautes.

En 1957, la technique et les esprits sont prêts pour les trois coups de la conquête spatiale. En outre, les circonstances sont très favorables

Programme Appolo : rendez-vous spatial. Déroulement pages suivantes
(Photos IPS)

à une accélération rapide des activités cosmiques. Dans le climat de la guerre froide, les dirigeants américains et soviétiques tirent très vite les conclusions de l'enthousiasme soulevé par Spoutnik : l'espace est un domaine idéal pour démontrer la puissance technologique et militaire d'un système politique. Déjà, la presse soviétique salue la mise sur orbite du premier satellite comme une victoire du communisme, et comme une preuve de la possession par le Kremlin de l'arme absolue : la fusée intercontinentale. L'Union Soviétique réputée en retard, sur le plan technologique, encerclée par les bases des États-Unis et de leurs alliés, voit soudain son prestige international monter en flèche. Peu importe que le Spoutnik ne change rien au fond des choses : on sait aujourd'hui que l'Amérique conservait largement son avantage technique et stratégique. L'essentiel est ce que pensent les citoyens de l'Union Soviétique, des États-Unis, de l'Europe, du Tiers-Monde en formation : l'URSS devient la première puissance technologique du monde; l'Amérique est bafouée. Cette victoire psychologique éclair des Soviétiques va lancer les deux super-puissances dans une fantastique course à l'espace, qui reste et restera comme l'un des événements les plus marquants des années 60, et sans doute même du siècle.

Un politicien va exceller à ce jeu de la rivalité cosmique : le maître du Kremlin, Nikita Serguerevitch Khrouchtchev. Le leader soviétique possède deux atouts majeurs dans la partie qui l'oppose aux États-Unis. Le premier est une énorme fusée, monstrueuse pour l'époque, construite sous la direction de l'Académicien Serguei Korolev. Inutilisable sur le plan militaire, cette fusée s'avérera un remarquable lanceur spatial. C'est elle qui lance Spoutnik le 4 octobre 1957. C'est elle qui sera pendant plus de 10 ans l'instrument de toutes les grandes « premières » soviétiques. Le second atout de Nikita Khrouchtchev est

Lunokhod 1.
Luna 9 lancé le 31/1/66
Le vaisseau Vostok et sa fusée porteuse
(Photos APN)

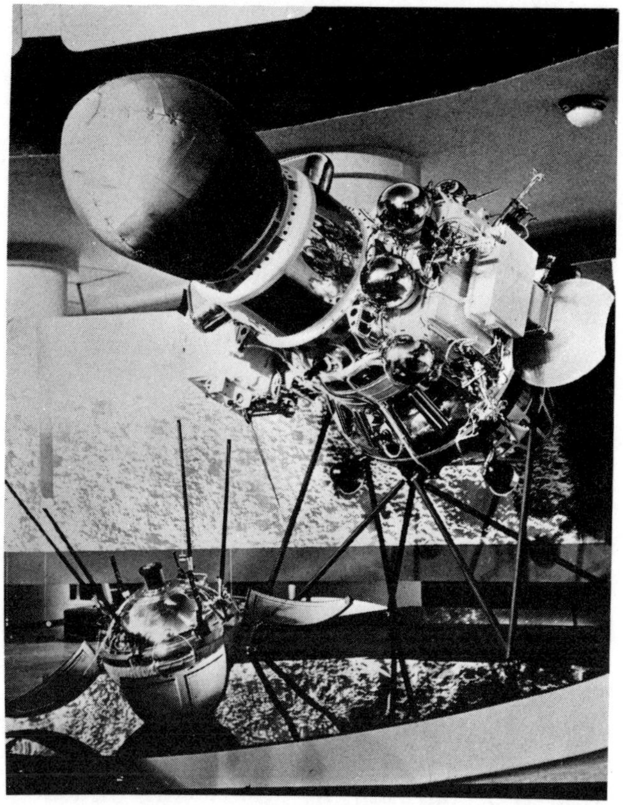

Youri Gagarine et Valentina Terechkova (Photos APN)

l'épais secret qui entoure les activités spatiales soviétiques. Comment sont construites les fusées russes? Et par qui? Quels projets grandioses sont en préparation de l'autre côté du rideau de fer? Autant de questions sans réponse. Le mystère est entier. Et Khrouchtchev, en véritable tsar du cosmos, abat sans avertissement des coups spectaculaires. Novembre 1957 : un chien dans l'espace, la petite Laïka, à bord d'un Spoutnik-2 sept fois plus lourd que le premier Spoutnik. Mai 1958 : Spoutnik-3 pèse plus d'une tonne. Janvier 1959 : Lunik frôle la Lune. Septembre 1959 : Lunik 2 s'écrase sur la Lune... Face à ces succès que leur mystérieuse préparation amplifie, les États-Unis n'ont à opposer que de piteux échecs, ou de bien modestes réussites. Le monde entier se gausse des lancements ratés de la fusée Vanguard, du poids ridicule (8 kg) du premier satellite américain – dix fois plus léger que Spoutnik –, des atermoiements des dirigeants des USA, incapables apparemment de mettre sur pied un programme concurrent de celui de l'URSS. L'Amérique doute d'elle-même, à l'image de l'un de ses concitoyens, Lyndon Johnson, sénateur et futur Président. Johnson avait été fortement impressionné par la vision du Spoutnik un soir d'octobre 1957 : *Le ciel me sembla soudain lourd de menaces, et je réalisai pour la première fois que mon pays n'occupait peut-être pas la tête en toute chose.* Saisissant au bond la balle du Spoutnik, Khrouchtchev l'opportuniste a réussi à ébranler la confiance de l'Amérique. L'empire capitaliste, dominateur et sûr de lui-même, doit courber la tête sous les coups spatiaux des moujiks socialistes.

L'Amérique et le monde n'ont pourtant encore rien vu. Au début d'avril 1961, des rumeurs en provenance de Moscou laissent entendre qu'un homme va bientôt partir pour l'espace. Cela ne surprend pas les spécialistes qui ont remarqué dans les expériences soviétiques les

LM - BURNS FOR RENDEZVOUS

Vladimir Komarov.
Cérémonie à la mémoire de Vladimir Komarov.
(Photos APN).

prémices de cet exploit. Mais pour le public, une attente enfiévrée commence, attisée par les fausses nouvelles que génère toute rumeur incontrôlable : « Il » serait parti, « Il » serait blessé, ou même mort... Que croire quand les médias brodent face à un impénétrable secret? Tout s'éclaire le 12 avril : l'Agence Tass annonce qu'un cosmonaute voyage autour de la Terre. Il est un peu plus de 8 heures en France lorsque les radios diffusent la nouvelle. Je reçois le choc alors que je m'apprête à partir au lycée. C'est l'un des grands moments de ma jeune existence. Toute la matinée, on ne va parler que de cela. Comment s'appelle-t-il? Gougourine me semble-t-il. En fait, c'est de Gagarine qu'il s'agit. Un nom qui pénètre ce jour-là dans l'histoire des hommes, aux côtés de ceux des grands explorateurs, Magellan, Christophe Colomb. 1961, c'est 1492 ! A très long terme, le vol de Youri Gagarine prendra sa véritable signification, sa dimension... cosmique : un événement qui, dans la longue histoire de la vie et de l'intelligence, peut se comparer à la conquête de la Terre ferme par les amphibiens. C'est l'accès des êtres vivants à un nouveau domaine : l'espace. Cette signification profonde est-elle déjà apparente le 12 avril 1961? D'une manière diffuse, certainement. Plus encore que le lancement de Spoutnik, le voyage de Gagarine sollicite la fibre aventureuse, exploratoire de l'homme. Il soulève dans le monde une émotion extraordinaire.

Avec Gagarine, l'espace prend sa dimension humaine. Il ne perd pas pour autant sa dimension politique. Pour l'Union Soviétique, c'est un triomphe sans précédent. Khrouchtchev exulte : *Le socialisme a gagné la compétition. L'économie, la science, la culture, le génie créateur du peuple dans toutes les sphères de la vie se développent mieux et plus vite sous le socialisme.* Gagarine est l'exemple même du nouvel homme socialiste : bon fils, bon mari, bon père, bon communiste, ce jeune pilote russe de 26 ans au regard droit et clair a d'abord été fondeur, avant de pro-

MAXIMUM SEPARATION

16-68ЮАР

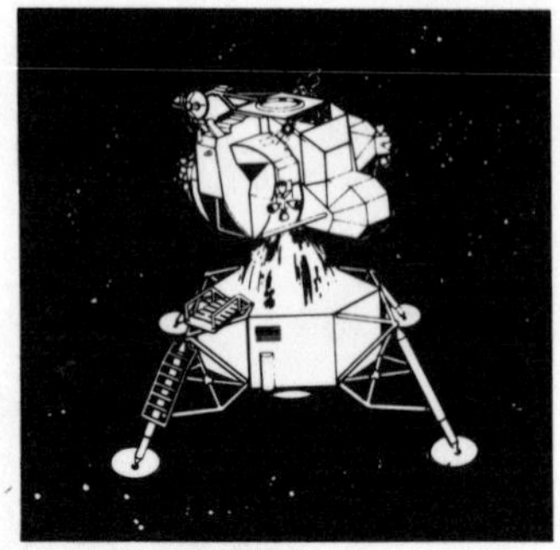
APS BURN

gresser socialement grâce à des cours du soir. Les cosmonautes vont devenir les ambassadeurs de la « diplomatie du Spoutnik », selon l'expression d'André Fontaine, les symboles de ce qu'il y a de meilleur dans le monde soviétique. Leurs vols spectaculaires vont pendant plusieurs années maintenir la fiction d'une URSS en avance sur les plans technologiques et militaires. Mais c'est bien d'une fiction qu'il s'agit. Khrouchtchev bluffe en brandissant ses Spoutnik et ses cosmonautes à la face des États-Unis. Il bluffe dangereusement, car on ne blesse pas impunément l'aigle américain.

Aux États-Unis, le voyage de Youri Gagarine a provoqué une véritable hystérie collective : l'opinion, la presse, le congrès s'indignent du retard spatial américain et exigent des mesures immédiates. *Nous devons accorder la priorité absolue à la compétition spatiale,* écrit l'éditorialiste du *New York Times,* pendant que le Représentant de New York demande que *le pays se mobilise comme en temps de guerre, car nous sommes en guerre.* L'Amérique ressent cette violente secousse cosmique alors qu'un nouveau Président vient d'entrer en fonction : John Kennedy, qui veut donner de lui-même et de son pays une image neuve et dynamique. Contrairement à son vice-Président, Lyndon Johnson, Kennedy ne s'est jamais particulièrement intéressé à l'espace. Mais le succès triomphal du voyage de Gagarine est un sérieux revers pour son jeune pouvoir. Il fait comprendre à Kennedy l'importance irrationnelle de l'espace pour le prestige d'un pays. Quelques jours plus tard, un nouveau revers frappe l'action du Président, dans un tout autre domaine : le misérable échec du débarquement de la baie des cochons à Cuba. Cette fois, c'en est trop. Kennedy décide de frapper un grand coup pour restaurer l'image de puissance de l'Amérique, et la sienne propre par la même occasion.

Edward White.
La capsule Apollo dans laquelle Grissom, White et Chaffee ont trouvé la mort
(Photos IPS)

L'espace lui paraît le domaine approprié. Mais comment battre les Soviétiques à leur propre jeu cosmique? Le seul moyen est de choisir un objectif si ambitieux que l'avance initiale de l'URSS ne comptera pratiquement pas. Cet objectif ce sera la Lune. Le 25 mai 1961, John Kennedy annonce lui-même sa décision devant le Congrès des États-Unis : *Si nous voulons gagner la bataille entre la liberté et la tyrannie, nous devons nous rendre compte de l'impact de l'aventure spatiale sur l'esprit des hommes qui cherchent leur voie dans le monde entier. Il est temps de s'engager à nouveau dans une grande entreprise américaine, de prendre la tête dans les activités spatiales qui sont les clefs de notre avenir sur Terre. Notre nation doit s'engager à faire atterrir un homme sur la Lune et à le ramener sur Terre sain et sauf avant la fin de cette décennie.* Fantastique pari...

Ces événements de 1961 constituent l'apothéose de la prodigieuse aventure spatiale des années 60. En quelques semaines un homme a été dans l'espace et la Lune a été promise à l'humanité. Dans le monde entier, la course à l'espace est acceptée comme une composante fondamentale des activités humaines. Mais ce remarquable consensus va bientôt s'effriter. L'intérêt pour l'espace va diminuer peu à peu, alors même que le sacro-saint progrès technique, pilier du monde occidental des années 50 et du début des années 60, va être violemment contesté. L'Amérique s'élance vers la Lune dans le temps où elle va s'embourber au Vietnam, dans une guerre où sa puissance technique apparaîtra sous un bien mauvais jour.

L'Union Soviétique de Nikita Khrouchtchev fera illusion quelques années face au défi lunaire américain. Des vols de cosmonautes choisis pour leur côté spectaculaire, mais sans intérêt technique, maintiendront le public en haleine. Ainsi, en 1963, le premier vol d'une femme dans

FORMATION FLYING AND DOCKING

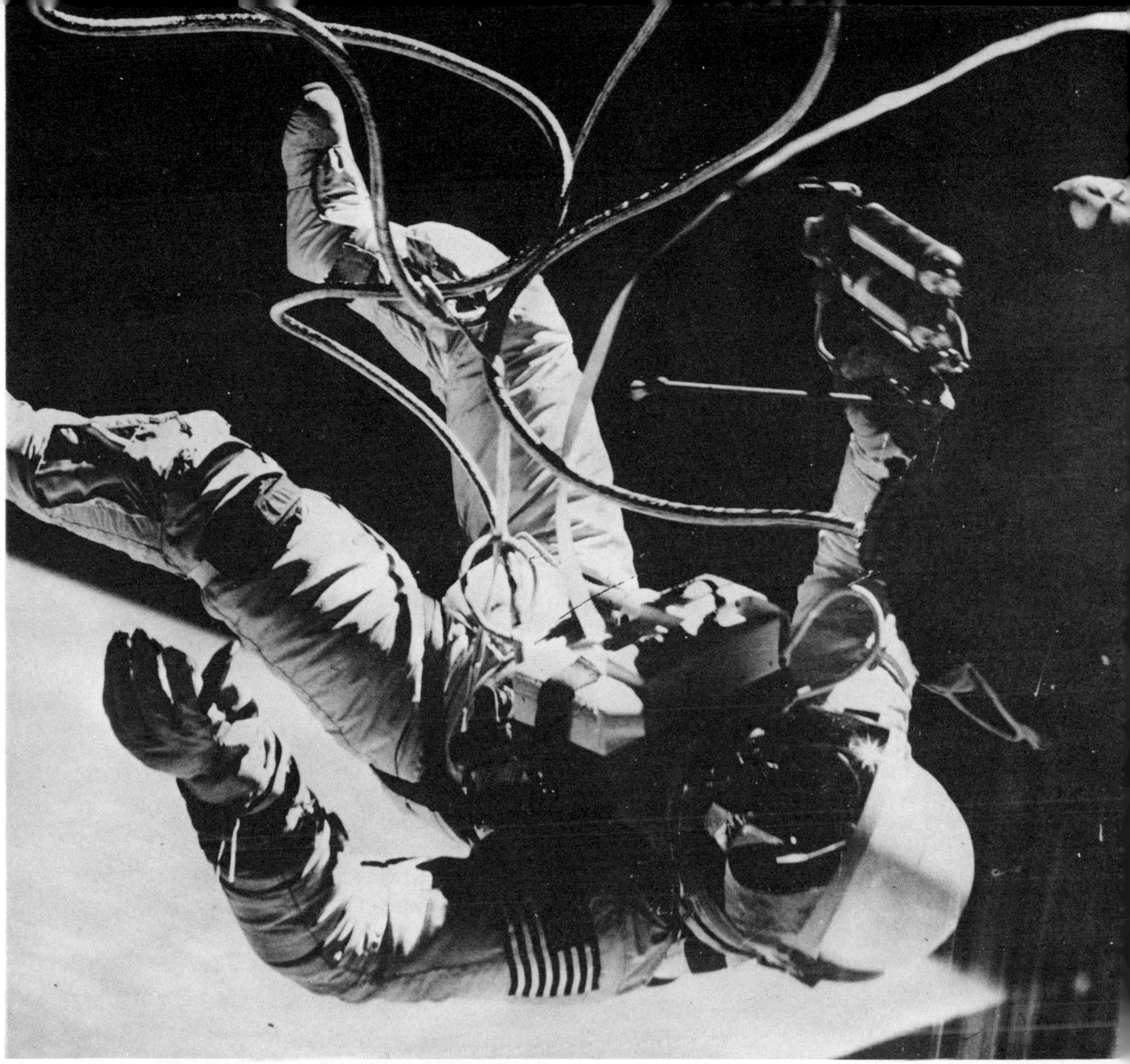

3/6/65, Edward White pilote de Gemini 4 flotte dans l'espace. Apollo 9 est repêché dans l'océan Atlantique. (Photos IPS).

l'espace, Valentina Tereshkova, qui ne s'inscrit dans aucun projet de participation réelle des femmes aux voyages spatiaux. Ainsi, en 1964, le périple de trois cosmonautes dans un même vaisseau cosmique à la limite de ses possibilités. Mais l'illusion ne durera pas. Dès 1965, le rouleau compresseur de la puissance américaine se met en marche dans l'espace. En moins de deux ans, l'Administration spatiale des États-Unis, la NASA, réalise dix vols spatiaux pilotés de sa cabine Gémini, battant le record de durée de voyage spatial, accomplissant les premiers rendez-vous et amarrages sur orbite. Le bluff cosmique de Khrouchtchev a vécu, comme le mythe du « missile-gap », c'est-à-dire du retard des États-Unis en matière de fusées intercontinentales. Pour avoir défié l'Amérique sans en avoir les moyens, l'Union Soviétique se retrouve distancée dans l'espace et pour l'armement. Il lui faudra plus de dix ans pour redresser sa situation. Cet effort sera celui des successeurs de Khrouchtchev, car celui-ci, victime de ses bluffs multiples, a été chassé du pouvoir en 1964.

Dans un monde qui change, alors que la rivalité américano-soviétique perd de son acuité, la course à l'espace commence à être contestée pour son coût et son manque d'intérêt immédiat. Ses grands acteurs politiques, Khrouchtchev et Kennedy, ont disparu de la scène ou de la vie. Serguei Korolev, l'homme qui tirait dans l'ombre les ficelles des marionnettes spatiales soviétiques, est mort lui aussi en 1966. Malgré tout, les programmes avancent sur leurs lancées. Dans les marécages floridiens du Cap Canaveral, de gigantesques installations attendent les vaisseaux lunaires. Dans la steppe d'Asie centrale d'autres bâtiments immenses témoignent de la volonté soviétique de continuer la lutte. Les préparatifs vont bon train. Mais les drames couvent. En janvier 1967,

LM JETTISON ASCENT BURN

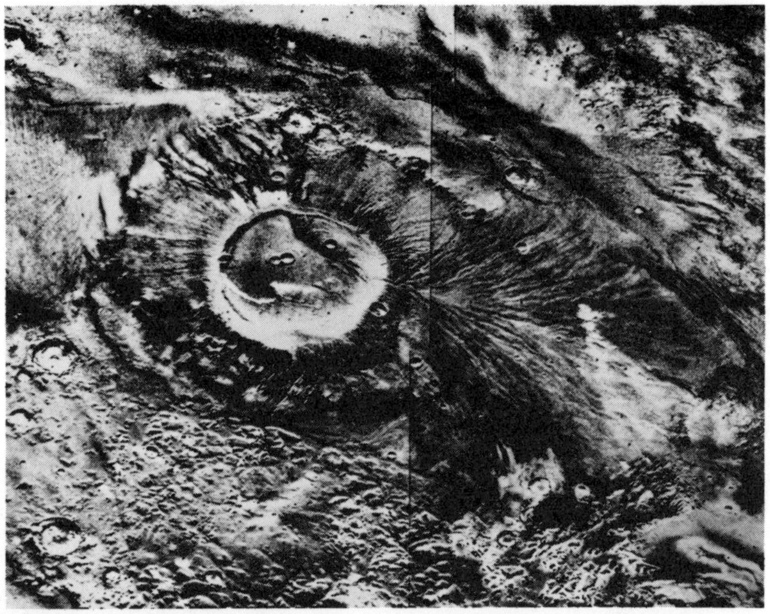

Un astronaute dans l'espace.
Le sol de Mars n'a été photographié que dans les années 70, mais il a hanté bien des rêves.
La fusée Atlas.
(Photos IPS).

Edwin Aldrin descend sur la lune
(Photo IPS)

trois astronautes américains périssent brûlés en répétant au sol leur mission prochaine dans la première cabine Apollo. Trois mois plus tard, c'est le cosmonaute soviétique Vladimir Komarov qui meurt dans l'écrasement au sol d'un tout nouveau vaisseau, le Soyouz. Pas plus que la conquête de la terre ou de l'air, la découverte de l'espace n'a pu se faire sans victime.

Critiquée, frappée par ces échecs douloureux, la lutte pour la Lune se poursuivra néanmoins jusqu'à son terme logique : la victoire des États-Unis. Le caractère extraordinaire, fantastique, de sa phase finale ranimera même un temps la flamme vacillante de l'intérêt du public. En décembre 1968, ce sont des centaines de millions de téléspectateurs et d'auditeurs qui suivent émerveillés le premier départ des hommes en direction de la Lune. A bord de leur vaisseau Apollo-8, Frank Borman, James Lovell et William Anders, vont accomplir un exploit de rêve : passer Noël sur orbite lunaire... Lorsque leur cabine disparut derrière la Lune, lorsqu'ils devinrent les premiers êtres vivants à ne plus voir la Terre, l'émotion ici-bas fut peut-être aussi forte qu'au moment du vol de Gagarine.

Ce jour de Noël 1968, l'Amérique a pratiquement gagné le pari de Kennedy. Elle y mettra la touche finale sept mois plus tard : le 21 juillet 1969, Neil Armstrong, commandant du vaisseau Apollo-11, marche sur la Lune, silhouette vacillante et blafarde sur les étranges lucarnes de 600 millions de terriens.

Avec le voyage d'Armstrong et de son compatriote Aldrin, la boucle spatiale des années 60 est bouclée. En une décennie, l'homme s'est envolé pour le cosmos et a atteint la Lune. Nul n'aurait osé rêver accomplissement aussi rapide et complet. Comment s'étonner dès lors

LA MARCHE FANTASTIQUE

France Soir
7E C
DEPUIS 25 ANS LA PLUS FORTE VENTE DES JOURNAUX FRANÇAIS
0 f 50
Mardi 22 juillet 1969

SUR LA LUNE

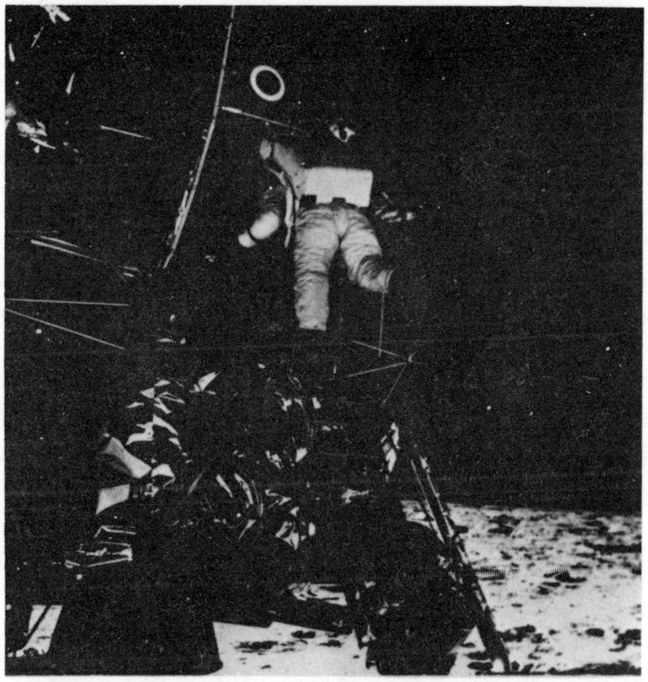

qu'une pause ait été nécessaire pendant les années 70? Les héros avaient de bonnes raisons d'être fatigués. Mais l'aventure de l'homme dans l'espace ne fait que commencer. Elle ira de pair avec une prise de conscience de plus en plus forte de l'unicité d'une Terre qu'il faut préserver : qui pourrait oublier cette image spatiale de notre petite planète bleutée, perle fragile au sein de l'immensité du cosmos?

Alain Dupas est enseignant à l'Université de Paris-Sud-Orsay. Il collabore à *La Recherche* et est l'auteur de *La lutte pour l'espace* (Seuil).

Je me souviens des années 60

Je me souviens du Ciné Qua Non (et du Nickel-Odéon).

Je me souviens du marathon d'Abebe Bikila aux Jeux Olympiques de Tokyo.

Je me souviens de l'assassinat de Kennedy, et de celui de Lee Harvey Oswald par Jack Ruby.

Je me souviens d'Armstrong sur la Lune.

Je me souviens de la première boucherie Bernard.

Je me souviens de *La Joie de Lire*.

Je me souviens d'*Adieu Philippine*.

GEORGES PEREC

CHRONOLOGIE

1958

13 mai	– Coup de force à Alger.
1er juin	– Le général de Gaulle reçoit l'investiture de l'Assemblée nationale.
28 septembre	– Référendum.

1959

8 janvier	– Le général de Gaulle prend ses fonctions de président de la République.
16 septembre	– Discours sur l'autodétermination.

1960

24 janvier	– Des barricades s'élèvent dans les rues d'Alger. L'émeute fait 22 morts et plus d'une centaine de blessés.
29 janvier	– Appel de de Gaulle : « Je demande à tous de me soutenir quoi qu'il arrive. »
1er février	– Fin des « barricades » d'Alger. Lagaillarde et de nombreux activistes sont arrêtés. Ortiz est en fuite.
2-3 février	– Réuni en session extraordinaire, le Parlement accorde au gouvernement le droit de légiférer par ordonnances pendant un an.
13 février	– A la base de Reggane, dans le Sahara, explosion de la première bombe atomique française.
24 février	– Découverte en Métropole d'un réseau d'aide au FLN algérien : le réseau Jeanson.
3 mars	– De Gaulle effectue une « tournée des popotes » en Algérie et parle de « l'Algérie algérienne ».
14 mars	– Sortie du 1er 45 tours de Johnny Hallyday.
16 mars	– Sortie de *A bout de souffle* de Jean-Luc Godard.
23 mars-2 avril	– Voyage en France de Nikita Khrouchtchev.
25 avril	– Jacques Soustelle est exclu de l'UNR en raison de ses positions en faveur d'une Algérie française.
1er mai	– Les soviétiques saisissent au-dessus de leur territoire un avion-espion U2 américain.
15-18 mai	– A l'initiative de de Gaulle, conférence au sommet à Paris des quatre grands. Khrouchtchev rompt les discussions en prenant prétexte de l'incident aérien du début du mois.
10 juin	– De Gaulle reçoit secrètement à l'Élysée les chefs FLN de la Willaya IV.
23 juin	– Patrice Lumumba devient chef du gouvernement congolais.

25-29 juin	– Échec des négociations engagées à Melun entre la France et le gouvernement provisoire de la République algérienne (GPRA).
11 juillet	– M. Tschombé proclame l'indépendance de la province congolaise du Katanga.
Août	– Faisant suite à divers autres pays africains depuis le début de l'année, le Dahomey, le Niger, la Haute-Volta, la Côte-d'Ivoire, le Tchad, la République centrafricaine, le Congo (ex-français) et le Gabon accèdent, au cours du mois, à l'indépendance.
5 septembre	– De Gaulle réclame officiellement une réforme de l'organisation du traité de l'Atlantique Nord (OTAN).
6 septembre	– Publication du « manifeste des 121 » signé notamment par Jean-Paul Sartre et proclamant « le droit à l'insoumission dans la guerre d'Algérie ».
9 septembre	– Le général Salan ayant publié un manifeste en faveur de l'Algérie française est interdit de séjour dans ce territoire par le gouvernement.
12 septembre	– Le colonel Mobutu prend le pouvoir au Congo. Patrice Lumumba est arrêté.
8 novembre	– Élection de J. F. Kennedy à la présidence des E.U.
7 décembre	– Après des semaines de troubles, la guerre civile éclate au Laos où les Nord-Vietnamiens pénètrent.

Cinéma : *La Nuit* de Antonioni; *Terrain vague* de Marcel Carné.
Livres : Parution du premier numéro de *Tel Quel.*
Goncourt : Vintila Horia *Dieu est né en exil.*
Renaudot : Alfred Kern *Le bonheur fragile.*

1961

8 janvier	– Référendum sur l'organisation des pouvoirs publics en Algérie : oui 75,26 % des exprimés (gaullistes, démocrates chrétiens et socialistes).
13 février	– Assassinat de Patrice Lumumba.
26 février	– Mort du roi Mohammed V. Hassan II lui succède sur le trône du Maroc.
30 février	– Annonce de l'ouverture de négociations entre la France et le GPRA à Évian. Le lendemain, la mairie de cette ville est victime d'un attentat.
7 avril	– Premières apparitions du sigle OAS (Organisation de l'armée secrète) en Algérie et en métropole.
12 avril	– Youri Gagarine, le cosmonaute soviétique effectue le premier vol autour de la terre.
17 avril	– Les « marines » des États-Unis échouent dans une tentative de débarquement à Cuba, dans la « baie des Cochons ».
22 avril	– Putsch militaire à Alger organisé par les généraux Challe, Jouhaud, Zeller et Salan. Michel Debré, Premier ministre, lance un appel au pays.

23 avril	– De Gaulle condamne le « quarteron de généraux en retraite » et met en œuvre l'article 16 de la Constitution qui lui donne les pleins pouvoirs.
25 avril	– Échec de la rébellion militaire. Le général Challe se constitue prisonnier.
14 mai	– Waldeck Rochet devient secrétaire général adjoint du PCF.
20 mai	– Ouverture des pourparlers franco-algériens d'Évian.
31 mai-2 juin	– Visite en France de J. F. Kennedy.
3-4 mai	– Entretiens Kennedy-Khrouchtchev à Vienne (Autriche).
Juillet	– Nombreux troubles en Algérie. Attentats OAS en métropole.
18-22 juillet	– Bataille sanglante autour de la base de Bizerte revendiquée par les Tunisiens.
13 août	– Construction du mur de Berlin.
27 août	– Ferhat Abbas est exclu du GPRA.
Septembre	– Parution du premier numéro de *Partisans*.
8 septembre	– Attentat de Pont sur Seine contre de Gaulle.
18 septembre	– Le secrétaire général de l'ONU, Hammarskjoeld, trouve la mort dans un accident d'avion en Afrique équatoriale.
30 septembre	– De Gaulle met fin à l'application de l'article 16.
Octobre	– Manifestations algériennes à Paris, 12 000 arrestations, 100 morts.

Cinéma : *Viridiana* de Buñuel, *L'année dernière à Marienbad* de Resnais, *Cléo de 5 à 7* de Varda.
Livres : Michel Foucault, *Histoire de la folie à l'âge classique*.
Goncourt : Jean Cau, *La pitié de Dieu*.
Renaudot : Roger Bordier, *Les blés*.

1962

23-24 janvier	– « Nuit bleue » : les attentats OAS.
8 février	– Manifestation interdite des syndicats, du PCF et du PSU contre l'OAS. Au métro Charonne on relève huit morts après une charge de police.
13 février	– Plusieurs centaines de milliers de Parisiens suivent les obsèques des morts de Charonne.
7 mars	– Ouverture de nouvelles négociations avec le GPRA à Évian.
11 mars	– Conférence des ministères des Affaires étrangères sur le désarmement à Genève. La France n'est pas représentée.
18 mars	– Accord à Évian. Ben Bella est libéré.
26 mars	– Fusillade rue d'Isly à Alger : 41 morts.
1er avril	– Georges Bidault succède au général Salan à la tête de l'OAS.
8 avril	– Les accords d'Évian sont ratifiés par référendum (oui : 90,7 % des exprimés).
14 avril	– Georges Pompidou succède comme Premier ministre à Michel Debré.

27 avril	– Les États-Unis annoncent l'accroissement de leur action militaire au Vietnam.
Mai	– Nombreux troubles en Algérie. Multiplication des attentats OAS.
	– Exécution d'Eichmann.
15 mai	– De Gaulle dénonce l'Europe du « volapuk ».
16 mai	– Démission des ministres MRP.
19 mai	– Début de l'exode des Européens d'Algérie.
3 juillet	– Indépendance de l'Algérie.
11 juillet	– Ben Bella s'installe en Oranie et entreprend sa lutte contre le GPRA.
5 août	– Suicide de Marilyn Monroe.
22 août	– Attentat du Petit Clamart contre de Gaulle.
1er-5 septembre	– Luttes militaires entre fractions rivales en Algérie.
11 septembre	– Moscou met les États-Unis en garde contre toute action militaire visant Cuba.
20 septembre	– De Gaulle annonce son projet d'élection du président de la République au suffrage universel. Un référendum sera organisé.
27 septembre	– L'armée prend le pouvoir au Yémen.
30 septembre	– Le président du Sénat, Gaston Monnerville, qualifie de « forfaiture » le projet de référendum du chef de l'État.
5 octobre	– L'Assemblée nationale censure le gouvernement.
10 octobre	– Dissolution de l'Assemblée nationale.
11 octobre	– Ouverture du Concile Vatican II.
22 octobre	– Kennedy révèle la présence de fusées soviétiques à Cuba et place l'île sous blocus.
26-28 octobre	– Après des échanges de messages entre Kennedy et Khrouchtchev les Soviétiques rapatrient leurs fusées.
28 octobre	– L'élection du président de la République au suffrage universel est ratifiée par 61,7 % des suffrages exprimés.
18 novembre	– Lors du premier tour des élections législatives, les gaullistes progressent nettement au détriment des modérés et des socialistes. L'extrême droite disparaît.
20 novembre	– Les Soviétiques retirent leurs bombardiers de Cuba et les Américains lèvent leur blocus.
13 décembre	– De Gaulle refuse de recevoir le président du Sénat.
15-16 décembre	– Réunis aux Bahamas, le Premier ministre britannique, Macmillan, et Kennedy proposent à la France la mise sur pied d'une force nucléaire multilatérale.

Cinéma : *8 et demi* de Fellini, *Le Guépard* de Visconti.
Livres : Claude Lévi Strauss, *La pensée sauvage.*
Goncourt : Anna Langfus, *Les bagages de sable.*
Renaudot : Simone Jacquemard, *Le veilleur de nuit.*

1963

14 janvier	– De Gaulle refuse la proposition américano-britannique.
18 janvier	– La France ferme la porte du Marché commun aux Britanniques.
22 janvier	– Signature du traité d'amitié franco-allemand.
8 février	– Coup d'État militaire en Irak.
14 février	– Tentative d'attentat contre de Gaulle à l'École militaire. – Généralisation de la 4e semaine de congés payés.
1er mars	– Début de la grève des mineurs.
3 mars	– Décret de réquisition des mineurs, qui restera inopérant.
11 mars	– Exécution du chef du commando du Petit-Clamart.
4 avril	– Fin de la grève des mineurs.
5 avril	– Établissement d'un « téléphone rouge » entre Moscou et Washington.
20 avril	– Exécution en Espagne de Julian Grimau.
3 juin	– Mort de Jean XXIII.
21 juin	– Élection de Paul VI.
24 juin	– Premier anniversaire du magazine *Salut les Copains :* 150 000 jeunes place de La Nation pour entendre Johnny Hallyday.
25 juillet	– Traité de Moscou sur la limitation des essais nucléaires.
29 juillet	– Rejet par de Gaulle du traité de Moscou.
31 juillet	– Rejet par la Chine du traité de Moscou.
15 septembre	– Ben Bella est élu président de la République algérienne.
23 septembre	– Arrestation du chef adjoint du service de presse de l'OTAN, Georges Pâques, pour espionnage au profit de l'URSS.
29 septembre	– Dissidence de la Kabylie.
8 octobre	– Incidents militaires à la frontière algéro-marocaine.
16 octobre	– Ludwig Erhard succède à Adenauer comme chancelier d'Allemagne fédérale.
19 octobre	– Lord Home succède à Macmillan comme Premier ministre britannique.
1er novembre	– Coup d'État militaire à Saïgon. Le président Diem est tué.
2 novembre	– Cessez-le-feu entre l'Algérie et le Maroc.
22 novembre	– Assassinat de Kennedy à Dallas (Texas).
18 décembre	– Candidature de Gaston Defferre (le « Monsieur X » de *l'Express*) à la présidence de la République.

La beattlemania bat son plein.
Théâtre : Jean Genêt, *Les Paravents.*
Cinéma : *Les parapluies de Cherbourg* de Jacques Demy.
Livres : J.-P. Sartre, *Les mots,* E. Jakobson, *Essai de linguistique générale.*
Goncourt : Armand Lanoux, *Quand la mer se retire.*
Renaudot : J. M. G. Le Clézio, *Le procès verbal.*

CHRONOLOGIE

1964

27 janvier	– Reconnaissance par la France de la Chine populaire.
18 mars	– Coup d'État au Gabon. Intervention des troupes françaises en faveur du président Léon M'Ba.
4 mai	– Ouverture à Genève du « Kennedy Round » sur l'abaissement des droits de douane.
6 mai	– Inauguration par Khrouchtchev du barrage d'Assouan dans la haute vallée du Nil.
17 mai	– Waldeck Rochet devient secrétaire général du PCF.
2 juin	– Création de l'organisation de libération de la Palestine (OLP).
11 juillet	– Mort de Maurice Thorez.
15 août	– Tentative d'attentat contre de Gaulle au mont Faron (Provence).
21 septembre	– *L'Express* change de formule.
15 octobre	– URSS : destitution de Khrouchtchev.
	– Grande-Bretagne : Harold Wilson devient Premier ministre.
16 octobre	– Première bombe atomique chinoise.
19 novembre	– *France Observateur* devient *Le Nouvel Observateur,* la critique cinématographique est confiée à Michel Cournot.
7 novembre	– La CFTC devient la CFDT.

Lacan fonde l'école freudienne.
J.-P. Sartre refuse le prix Nobel.
Cinéma : *L'évangile selon saint Matthieu* de Pasolini, *Le désert rouge* de Antonioni.
Livres : Roland Barthes, *Essais critiques;* Claude Lévi Strauss, *Mythologies;* Pierre Bourdieu, *Les Héritiers.*
Goncourt : Georges Conchon, *L'état sauvage.*
Renaudot : Jean-Pierre Faye, *L'écluse.*

1965

janvier	– Inauguration de l'usine de Pierrelatte.
7 février	– Début des bombardements américains sur le Nord-Vietnam.
19 février	– La France quitte le Gold exchange standard.
février	– Assassinat de Malcolm X.
18-19 mars	– Première sortie dans l'espace du soviétique Leonov.
17 avril	– Manifestations à Washington contre la guerre du Vietnam.
18 avril	– Débarquement de « marines » américains à Saint-Domingue où règne une guerre civile.
4 mai	– A l'ONU la France condamne l'intervention américaine à Saint-Domingue.
30 mai	– Massacre d'Européens au Congo.
juin	– Jazy recordman du monde.
19 juin	– Coup d'État en Algérie. Le colonel Boumediene succède à Ben Bella.
25 juin	– Defferre renonce à sa candidature à la présidence de la République.

15 juillet	– Le Premier ministre grec, Papandréou, est contraint de démissionner.
9 septembre	– François Mitterrand se porte candidat à la présidence de la République. Il reçoit le soutien de la SFIO le 15 et celui du PCF le 23.
	MM. Jacob, Lwof et Monod reçoivent le prix Nobel.
19 octobre	– Candidature de Jean Lecanuet à l'Élysée.
19 octobre	– Enlèvement à Paris du chef de file de l'opposition marocaine Medhi Ben Barka.
4 novembre	– De Gaulle brigue un second mandat présidentiel.
5 novembre	– Sortie de *Pierrot le fou* de Godard.
5 et 19 décembre	– Élection présidentielle. Au premier tour : de Gaulle, 43,7 %; Mitterrand, 32,3 %; Lecanuet, 15,8 %. Au second tour : de Gaulle, 54,5 %; Mitterrand, 45,4 %.
8 décembre	– Clôture de la dernière session du Concile Vatican II.

Livres : Althusser, *Pour Marx* et *Lire le Capital.*
Goncourt : Jacques Borel, *L'adoration.*
Renaudot : Georges Perec, *Les choses.*

1966

3-15 janvier	– Conférence de la « tricontinentale » à La Havane.
4-10 janvier	– Négociation entre le Pakistan et l'Inde, sous l'égide des Soviétiques à Tachkent.
	.Incendie de Feyzin.
20 janvier	– Dans le cadre de ce qui est devenu « l'affaire Ben Barka » un mandat d'arrêt international est lancé contre le général Oufkir, ministre de l'Intérieur du Maroc. Le chef du SDECE est limogé.
février	– Condamnation de Siniavski et Daniel.
11 mars	– La France se retire de l'organisation militaire de l'OTAN.
1er avril	– Le gouvernement interdit le film *La Religieuse.*
18 avril	– La « Grande Révolution culturelle prolétarienne » commence en Chine.
mai	– Création de la BNP.
1er juillet	– A la suite d'un voyage de de Gaulle en URSS, établissement d'un « téléphone rouge » entre Paris et Moscou.
2 juillet	– Première expérience nucléaire française en Polynésie.
1er septembre	– Discours de de Gaulle au Cambodge demandant le retrait des troupes américaines d'Indochine et réclamant une nouvelle fois, la neutralisation de cette région.
9 septembre	– L'OTAN transfère son commandement à Bruxelles.
	Inauguration de l'usine marémotrice de la Rance.
Novembre	– Alfred Kastler prix Nobel.

Livres : Roland Barthes, *Critique et vérité;* Jacques Lacan, *Écrits.*
Goncourt : Edmonde Charles-Roux, *Oublier Palerme.*
Renaudot : José Cabanis, *La bataille de Toulouse.*

1967

10 janvier	– VGE définit sa position par rapport à la majorité : « Oui mais ».
24 février	– L'armée chinoise intervient pour contrôler le cours de la « Grande Révolution culturelle prolétarienne ».
5-12 mars	– Élections législatives. Les partisans de la Ve République conservent de justesse la majorité absolue.
18 mars	– Naufrage du pétrolier *Torrey Canyon,* au large de la Bretagne.
29 mars	– Lancement à Cherbourg du premier sous-marin nucléaire français.
21 avril	– L'Armée prend le pouvoir en Grèce.
25 avril	– Arrestation en Bolivie de Régis Debray.
26 avril	– Le gouvernement décide de demander les pouvoirs spéciaux (gouvernement par ordonnances) en matière économique et sociale.
18 mai	– Retrait des « Casques bleus » d'Égypte où l'armée est en état d'alerte.
5 juin	– La France décrète l'embargo sur les armes à destination du Proche-Orient, alors que la guerre s'engage entre Israël et ses voisins. Sortie de l'album des Beatles *Sergeant Pepper's lonely hearts club band.*
17 juin	– Première explosion thermo-nucléaire chinoise.
21 juin	– De Gaulle condamne les changements de frontières réalisés par la force au Proche-Orient.
25 juin	– Michel Rocard devient secrétaire national du PSU. Saint-Étienne champion de France de football.
7 juillet	– Guerre civile au Nigéria, entre les troupes fédérales et le Biafra.
24 juillet	– De Gaulle à Montréal : « Vive le Québec libre. » Sortie de *La chinoise* de Godard.
17 août	– Valéry Giscard d'Estaing critique « l'exercice solitaire du pouvoir ».
octobre	– Mort de Che Guevara.
10 novembre	– Le principe de l'introduction de la publicité de marques à la télévision est arrêté.
27 novembre	– De Gaulle : « Les juifs... un peuple d'élite, sûr de lui et dominateur. »
14 décembre	– Le roi Constantin de Grèce doit se réfugier à Rome, après l'échec de sa tentative visant à écarter la junte militaire.

Décembre – première transplantation cardiaque au Cap.
Livres : Jacques Derrida, *Grammatologie.*

Goncourt : André Pieyre de Mandiargue, *La marge.*
Renaudot : Salvat Etchart, *Le monde tel qu'il est.*

1968

5 janvier	– Dubcek devient premier secrétaire du PC tchécoslovaque.
8 janvier	– A Nanterre l'étudiant Daniel Cohn Bendit prend à partie le ministre de la Jeunesse et des sports.
6-18 février	– Jeux olympiques d'hiver à Grenoble.
22 mars	– Naissance du mouvement dit du « 22 mars » à Nanterre.
30 mars	– Svoboda devient président de la République tchécoslovaque.
3 avril	– Nord-Vietnamiens et Américains décident d'entamer des négociations.
4 avril	– Assassinat du Pasteur Martin Luther King.
11 avril	– Attentat contre l'étudiant ouest-allemand Rudi Dutschke. Violentes manifestations.
3 mai	– Violents incidents au Quartier latin. Début de « mai 68 ».
30 mai	– Dissolution de l'Assemblée nationale.
5 juin	– Assassinat de Robert Kennedy.
23-30 juin	– Élections législatives : la majorité enlève 358 des 485 sièges.
10 juillet	– Maurice Couve de Murville succède comme Premier ministre à Georges Pompidou.
20-21 août	– Invasion de la Tchécoslovaquie par les troupes du Pacte de Varsovie.
24 août	– Première bombe H française.
28 août	– Début de l'intervention militaire française au Tchad.
5 novembre	– Richard Nixon est élu président des États-Unis.

Cinéma : *Rosemary's baby* de Polanski; *Baisers volés* de Truffaut; *Un soir un train* de Delvaux.
Goncourt : Bernard Clavel, *Les fruits de l'hiver.*
Renaudot : Yambo Ouologuem, *Le devoir de violence.*

1969

27 avril	– De Gaulle se retire après l'échec du référendum sur les régions.
Juin	– Georges Pompidou devient président de la République.
21 juillet	– On a marché sur la lune (Appolo 11).
Octobre	– Willy Brandt devient chancelier.

Cinéma : *L'amour fou* de Rivette; Z de Costa Gavras; *Trafic* de Tati.
Goncourt : Félicien Marceau, *Creezy.*
Renaudot : Max Olivier-Lacamp, *Les feux de la colère.*

TABLE DES MATIÈRES

CET OUVRAGE
A ÉTÉ COMPOSÉ
ET ACHEVÉ D'IMPRIMER
PAR L'IMPRIMERIE FLOCH
À MAYENNE LE 31 OCTOBRE 1980
(18378)

Nº d'édition : 4101. Dépôt légal : 4e trimestre 1980
(Imprimé en France)